AF468189

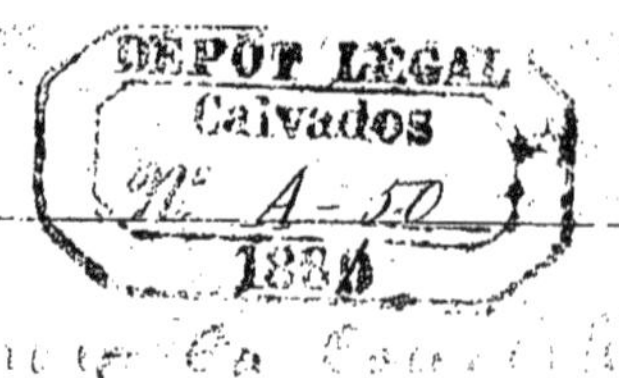

TRAITÉ PRATIQUE

DES

PARTAGES D'ASCENDANTS

ENTRE VIFS ET TESTAMENTAIRES

ET DES ACTES QUI EN DÉRIVENT

(Droit civil — Droit fiscal — Formules)

PAR

ALBERT ANDRÉ

ANCIEN NOTAIRE

PARIS

IMPRIMERIE ET LIBRAIRIE GÉNÉRALE DE JURISPRUDENCE

MARCHAL, BILLARD ET Cie, IMPRIMEURS-ÉDITEURS

LIBRAIRES DE LA COUR DE CASSATION

Place Dauphine, 27

1881

TRAITÉ PRATIQUE

DES

PARTAGES D'ASCENDANTS

OUVRAGE DU MÊME AUTEUR.

Sous presse :

Traité pratique des ventes d'immeubles et des échanges, avec une collection de formules ; 1 vol. in-8°.

TRAITÉ PRATIQUE

DES

PARTAGES D'ASCENDANTS

ENTRE VIFS ET TESTAMENTAIRES

ET DES ACTES QUI EN DÉRIVENT

(Droit civil — Droit fiscal — Formules)

PAR

ALBERT ANDRÉ

ANCIEN NOTAIRE

PARIS

IMPRIMERIE ET LIBRAIRIE GÉNÉRALE DE JURISPRUDENCE
MARCHAL, BILLARD ET Cie, IMPRIMEURS-ÉDITEURS
LIBRAIRES DE LA COUR DE CASSATION
Place Dauphine, 27

1881

PRÉFACE.

Par l'obscurité de ses principes et l'incertitude des conséquences qui en ont été tirées par la jurisprudence et la doctrine, le partage d'ascendants soulève fréquemment des questions délicates.

Nos grands jurisconsultes ont consacré de nombreux volumes à leur examen, mais les notaires, entraînés par le courant des affaires que suscite le mouvement des relations sociales, n'ont pas le loisir de consulter ces savants ouvrages.

Il nous a semblé qu'un livre résumant, analysant et classant tout ce qui a été dit sur la matière, satisferait un besoin réel et serait d'une grande utilité pour tous ceux qui se destinent à la pratique notariale.

C'est avec cette pensée que nous avons écrit ce volume dans lequel nous nous sommes efforcé de présenter, sous une forme simple et concise, la solution des difficultés qui peuvent se présenter en droit civil, comme en droit fiscal, à l'occasion des partages d'ascendants.

Malgré le charme qui s'attache aux longues dissertations, nous avons dû les écarter, parce que le praticien qui consulte un ouvrage pour y trouver le renseignement dont il a besoin, n'exige pas l'élégance, la grâce attrayante de la forme.

Nous lui offrons, sans perte de temps, la solution exacte des points en litige, avec la citation des sources où il pourra se reporter.

Des formules très-complètes, prises dans les meilleures études, font suite au traité et ajoutent à sa portée pratique.

Pour faciliter les recherches, l'ouvrage est terminé par une table analytique très-minutieuse des matières contenues dans le traité.

CITATIONS.

Aubry et *Rau*. Cours de droit civil.
Augan. Cours de notariat.
Auroux des Pommiers. Coutumes générales et locales du Bourbonnais.
Basnage. Coutumes de Normandie.
Barafort. Partages d'ascendants.
Bayle-Mouillard. Traité des donations (sur *Grenier*).
Bertauld. Questions pratiques et doctrinales.
Blondeau et *Bonjean*. Institutes de Justinien.
Bonnet. Partages d'ascendants.
Boullenois. Questions sur les démissions de biens.
Cauvière. Partages d'ascendants.
Championnière et *Rigaud*. Traité des droits d'enregistrement.
Clerc. Traité des droits d'enregistrement.
Coin-Delisle. Commentaire des donations et testaments.
Colmet de Santerre. Cours de Code civil (suite de *Demante*).
Dalloz. Répertoire alphabétique.
De Folleville. Du partage d'ascendants.
Defrénois et *Vavasseur*. Traité pratique et formulaire général.
Demangeat. Cours élémentaire de droit romain.
Demante. Principes de l'enregistrement.
Demolombe. Cours de Code civil.
De Savigny. Traité du droit romain.
Dictionnaire des droits d'enregistrement.
Dictionnaire du notariat.
Dubernet de Boscq. Partages d'ascendants.
Duranton. Cours de droit civil
Dutruc. Traité du partage de succession.
Duvergier. Droit civil (sur *Toullier*).
Encyclopédie du notariat.
Flandin. Traité de la Transcription.
Furgolé. Traité des testaments.
Garnier. Répertoire de l'enregistrement.
Genty. Traité des partages d'ascendants.
Laferrière. Histoire du droit.
Laurent. Principes du droit civil.
Lyon-Caen. Des partages d'ascendants.
Marcadé. Explication du Code civil.
Mourlon et *Demangeat*. Répétitions écrites sur le Code civil.
Paultre. Observations pratiques dans la Revue du notariat.
Pont. Traité des priviléges et hypothèques (suite de *Marcadé*).
Pothier. Œuvres annotées par M. Buguet.
Répertoire du Journal du palais.
Requier. Traité des partages d'ascendants.
Revue critique de législation.
Rivière. Essai sur les partages d'ascendants.
Rodière et *Pont*. Traité du contrat de mariage.

Rolland de Villargues. Répertoire du notariat.

Saintespès-Lescot. Des donations entre vifs et des testaments.

Sirey. Code civil annoté et supplément.

Troplong. Traité des donations et testaments.

Vazeille. Résumés et conférences sur les successions, donations et testaments.

ABRÉVIATIONS.

Arr.	Arrêté.
Cass.	Arrêt de la Cour de Cassation.
Cir.	Circulaire.
C. civ.	Code civil.
C. comm.	Code de commerce.
C. pr.	Code de procédure civile.
Cons. d'Ét.	Avis du Conseil d'État.
Déc. min. fin.	Décision du ministre des finances.
Déc. min. just.	Décision du ministre de la justice.
Décr.	Décret.
Del.	Délibération de la Régie.
Inst.	Instruction de l'administration de l'Enregistrement.
L.	Loi.
Sol.	Solution de l'administration de l'Enregistrement.
Tr.	Tribunal.
V.	Voyez.

Les arrêts des Cours d'appel sont indiqués par le nom du lieu où elles siégent, suivi de la date, ainsi : Rouen, 15 juin 1880, signifie arrêt de la Cour d'appel de Rouen, du 15 juin 1880.

Toutes les collections de jurisprudence renfermant des tables très-complètes, avec lesquelles il est facile de trouver les arrêts, il a paru inutile de citer les recueils.

TRAITÉ PRATIQUE

DES

PARTAGES D'ASCENDANTS

PRÉLIMINAIRES

§ 1er.

CONSIDÉRATIONS GÉNÉRALES.

1. Le législateur se montre plein de confiance dans l'affection éclairée des ascendants en leur reconnaissant le pouvoir de faire, entre leurs descendants, la distribution et le partage de leurs biens, soit par acte de donation entre vifs, soit par testament.

Cette faculté est très-précieuse. En effet, le père de famille, en distribuant équitablement ses biens, assure la tranquillité de sa vieillesse, maintient la bonne intelligence entre ses enfants et leur évite les procès ruineux qui sont trop souvent occasionnés par les partages de succession.

Lors même que les enfants sont d'accord, le partage paternel peut les soustraire aux frais et longueurs d'un partage judiciaire qu'ils seraient obligés de subir, s'il y avait parmi eux des mineurs ou autres incapables.

D'ailleurs, l'ascendant connaît bien les goûts, les besoins et les aptitudes de ses enfants ; la valeur, les avantages et les inconvénients de ses diverses propriétés ; de sorte qu'il peut attribuer à chacun les biens qui sont le plus à sa convenance, en respectant les intérêts de tous (Rapport de Bigot-Préameneu, Locré, 11, 414).

2. Cependant, l'ascendant n'a pas une liberté absolue pour la distribution de ses biens ; il doit en général observer la règle du partage sur le mode de composition de lots ; mais il peut du moins, dans une certaine mesure, éviter les morcellements qui déprécieraient les propriétés.

On ne saurait nier combien est préférable le partage d'attribution fait par l'ascendant au partage ordinaire, où il faut s'en remettre au sort pour la dévolution des lots, quand même des motifs de convenance et d'équité demanderaient, en faveur de l'un des successibles, l'attribution de certains biens.

A l'égard de la distribution des biens, il est permis de regretter les entraves apportées par la jurisprudence à la liberté du père de famille, en soumettant son partage à la règle des articles 826 et 832 du Code civil. Leurs dispositions, utiles en 1804, ne conviennent plus, les valeurs mobilières ayant pénétré partout et étant aussi recherchées que les biens fonds.

3. Le partage d'ascendants remplit un rôle important dans l'économie sociale et exerce une grande influence sur la prospérité agricole.

Ce mode de disposition est très-répandu parmi la classe travailleuse, que Boullenois appelait *menu peuple*, c'est-à-dire dans les familles de cultivateurs ne possédant généralement qu'une fortune immobilière qu'ils exploitent eux-mêmes.

Le petit domaine que le paysan a arrondi, avec beaucoup de peines et de privations, en vue de l'établissement de ses enfants, est distribué par lui avec une satisfaction très-vive lorsque ceux-ci sont en état de le faire valoir.

Les père et mère cèdent aussi volontiers au besoin de se donner des successeurs, quand ils ne se sentent plus la force nécessaire pour cultiver leurs biens ou les administrer.

Il est un âge, en effet, où le cultivateur, le négociant et même le riche propriétaire, désirent le repos et remettent en des mains plus jeunes le fardeau d'une administration devenue incommode, en échange d'une pension destinée à assurer le repos de leur vieillesse.

Notre philosophe Montaigne conseillait d'agir ainsi : « Je ne me veulx pas despouiller devant que de m'aller coucher. Mais un père atterré d'années et de maulx, privé par sa foiblesse et faulte de santé de la commune société des hommes ; il se faict tort et aux siens de couver inutilement un grand tas de richesses ; il est assez en estat s'il est sage pour avoir désir de se despouiller, non jusques à la chemise, mais jusques à une robbe de nuict bien chaulde ; le reste des pompes, de quoy il n'a plus que faire, il doibt en estrener volontiers ceulx à qui par ordonnance naturelle cela doibt appartenir » (Liv. II, ch. VIII).

Enfin, c'est inspiré par les plus nobles sentiments du cœur que le père de famille abandonne sa fortune à ses enfants, afin d'emporter en mourant l'espoir que l'affection la plus étroite existera après lui, entre ceux qu'il a dotés par sa bienfaisante tendresse ! L'ascendant remplit ainsi un simple devoir qui ne relève que de sa conscience et n'a pas le caractère constitutif d'une obligation, même naturelle (Montesquieu, liv. XXVI, ch. VI; Burlamaqui, *Principes du droit*, 3e partie, *passim*).

4. Tels sont les principaux avantages du partage d'ascendants ; mais il faut bien reconnaître qu'il a, comme toutes les institutions, certains inconvénients, constatés par de trop nombreuses décisions judiciaires ; à tel point

que plusieurs jurisconsultes regrettent son établissement. Il est facile de répondre que si on voulait empêcher tous les modes d'arrangements susceptibles de se prêter à la fraude, le grand principe de la liberté des conventions serait anéanti.

5. L'inconvénient le plus fréquent du partage d'ascendants est la perversion de ce mode de disposer par des ascendants qui, au moyen de combinaisons habilement calculées, font à certains de leurs enfants une condition meilleure qu'aux autres, et produisent, par leurs préférences, fondées sur un caprice ou une injuste prédilection, des haines et des inimitiés dans la famille.

C'est là un danger commun aux deux espèces de partages, mais c'est surtout dans le partage testamentaire qu'il se présente à un plus haut degré, les descendants n'étant pas appelés à y concourir.

6. D'un autre côté, l'ascendant ne réussit pas toujours à empêcher les récriminations de ses enfants, malgré un partage judicieux et égal. S'agit-il d'une donation, des enfants sont mécontents de leurs lots et ne donnent qu'une acceptation contrainte, avec l'arrière-pensée de contester plus tard ; si c'est un testament, il y a des tentatives peu louables pour avoir un lot meilleur ; il s'ensuit des espérances déçues et des mécomptes, lorsque l'ascendant a eu la force de résister à des manifestations de tendresse trop bruyantes pour être sincères.

7. Il existe un autre inconvénient inhérent au partage entre vifs, à raison de son irrévocabilité, c'est d'exposer les ascendants, qui se sont imprudemment dépouillés de leurs biens, à l'ingratitude de leurs enfants.

Les anciens jurisconsultes avaient signalé ce danger ; l'un d'eux, Loysel (*Inst. cout.*, 668), s'exprime ainsi :

> « Qui le sien donne avant mourir,
> Bientôt s'appreste à moult souffrir. »

C'est au père de famille d'étudier, avant de se dépouiller,

le caractère de ses enfants et de prendre les mesures nécessaires pour ne pas rester entièrement à leur discrétion, par la stipulation d'avantages de nature à lui assurer des moyens d'existence.

8. La quotité disponible est souvent donnée par les ascendants à l'un des enfants, celui qui reste avec eux, et c'est ordinairement l'aîné. Il ne faut pas voir une sorte de droit d'aînesse dans ce préciput, qui n'est que la compensation du temps et des peines employés par le donataire à l'exploitation du patrimoine commun.

Dans certaines contrées cependant, il est encore d'usage de faire un aîné ; presque toujours les enfants s'y soumettent sans murmurer et sans chercher à s'appuyer sur les dispositions de la loi pour défendre leurs intérêts ; néanmoins, cet usage déplorable engendre des inimitiés que les fonctionnaires, appelés à conseiller les ascendants, ont le devoir de faire cesser, en usant de leur légitime influence pour en supprimer la source.

§ 2.

NOTIONS HISTORIQUES.

9. Notre intention étant de faire un ouvrage d'application et de pratique, le coup-d'œil que nous allons jeter sur les législations anciennes n'a pour but que de nous éclairer sur la portée de celle par laquelle nous sommes régis.

La magistrature domestique d'où procède le partage d'ascendant est aussi ancienne que la constitution de la famille et du droit de propriété.

On trouve des traces du partage d'ascendant dans la Bible (*Deutéronome*, chap. XXI, vers. 16 ; *Ecclésiaste*, chap. XXXIII, vers. 24) ;

Et dans les constitutions de la Grèce ancienne (Tertullien, Talmud).

Mais il faut arriver jusqu'au droit romain pour rencontrer des règles précises.

ARTICLE PREMIER.

DROIT ROMAIN.

10. La législation romaine primitive ne reconnaissait pas le partage d'ascendants, mais le droit commun des testaments autorisait le *pater familias* à distribuer son patrimoine entre ses héritiers, qu'ils fussent ou non légitimes (ff. 35 et 78, *De hered. instit.*).

Cette distribution constituait un ensemble de legs par préciput au profit de chacun des héritiers institués. Elle devait être sanctionnée par le juge qui, au moyen de son *adjudicatio*, transférait à chaque héritier la propriété des biens que le testateur lui avait assignés (*Dict.,* ff. 35).

11. Plus tard, il s'introduisit dans la pratique une autre espèce de distribution que ne reconnaissait pas le droit commun et qui ne fut permise qu'aux ascendants.

Aucune forme n'était prescrite pour cette distribution; elle pouvait être faite par un acte quelconque, écrit ou sans écrit, mais qui ne transférait pas aux enfants la propriété des lots qui leur étaient destinés,

Cependant on admit que le juge appelé après l'ouverture de l'hérédité légitime se conformerait à la distribution faite par le défunt pour adjuger à chacun des enfants les objets que le père lui avait assignés pour sa part (ff. 20, § 3, ff. 39, § 1).

Ce privilége en faveur de la puissance paternelle est l'origine des partages d'ascendants considérés comme formant une institution spéciale.

12. Le partage du père de famille entre ses enfants ne doit pas être confondu avec le testament privilégié appelé *testamentum inter liberos*, établi par Constantin et con-

firmé par Justinien (Nov. CVII, chap. I; Furgole, *Test.*, chap. II, sect. 1, n° 29).

En effet, le testament *inter liberos* était valable sans institution d'héritier; il pouvait ne pas contenir de partage; de sorte qu'il avait pour but de créer au testateur un ou plusieurs héritiers parmi ses enfants.

13. Le partage d'ascendants n'était qu'une disposition de dernière volonté; il arrivait néanmoins que l'ascendant distribuait de son vivant ses biens et délivrait les lots, mais ce n'était qu'une attribution provisoire, et le père conservait toujours la propriété et la libre disposition des biens qu'il avait partagés.

D'ailleurs, l'ascendant pouvait ne partager qu'une partie de ses biens, et il n'était pas obligé d'observer l'égalité. Son pouvoir à cet égard n'était limité que par le droit des descendants à leur légitime (l. 6, C., *De inoff. test.*, ff. 39, § 1).

Les enfants omis ou exhérédés pouvaient porter la plainte d'inofficiosité pour faire tomber les dispositions du testament. Ce point fut changé sous le Bas-Empire. Le légitimaire n'eut plus qu'une action en complément (Furgole, *Test.*, ch. VIII, n° 149).

Le partage donnait lieu à la garantie ordinaire. Quoique ce point ait été vivement contesté, il paraît formellement résolu par les textes (ll. 20, § 3; 39, § 5; 77, § 8, ff., *De leg.*, 2°; V. J. du P., PARTAGE D'ASCENDANTS).

ARTICLE DEUXIÈME.

ANCIEN DROIT FRANÇAIS.

I. — Provinces de droit écrit.

14. Sous notre ancienne législation, les provinces de droit écrit avaient adopté le partage d'ascendants avec les

règles qui le régissaient d'après les Novelles de Justinien (Furgole, *Test.*, ch. II, sect. 1, n° 4, et ch. VIII, sect. 1, n° 142. — Lebrun, *Succ.*, liv. IV, ch. I, n° 11).

15. Il s'était élevé des difficultés sur l'interprétation des Novelles XVIII et CVII, relativement à la forme du partage d'ascendant et du testament *inter liberos*. Pour y mettre fin, l'ordonnance du mois d'août 1735 prescrivit une forme précise qui devait s'observer partout où ces actes étaient reçus.

D'après cette ordonnance, le testament *inter liberos* et le partage devaient être faits, soit par acte public reçu par un notaire en présence de deux témoins ou par deux notaires, soit par acte sous seing privé entièrement écrit, daté et signé de la main de l'ascendant (art. 15 et 16).

16. Le but de cette ordonnance n'était pas d'introduire le partage dans les pays où il n'avait pas été en usage, elle se bornait à en régler la forme pour les provinces dans lesquelles il était usité, sans dispenser toutefois des formes particulières que pouvaient exiger les coutumes locales (art. 17).

17. A partir de l'ordonnance de 1735, le partage fait dans la forme prescrite eut une existence légale, indépendante de la sanction du juge dont l'office n'était plus, comme en droit romain, nécessaire pour donner force obligatoire aux attributions qu'il conservait.

Cette forme constituait un privilége en faveur du partage fait par l'ascendant, et il en résultait que le partage ne pouvait renfermer des dispositions qu'au profit des demandants; celles qui y auraient été faites au profit d'autres personnes devaient être regardées comme de nul effet (art. 18 de l'ordonnance).

18. Une disposition remarquable de l'ordonnance de 1735, et qui ne se retrouve pas dans la législation moderne, est celle par laquelle elle exceptait de la prohibition des testaments mutuels et conjonctifs, ceux contenant partage par le père et la mère entre leurs enfants (art. 78).

II. — Provinces coutumières.

19. Les provinces coutumières offraient aux ascendants deux moyens de distribuer leurs biens entre leurs descendants : le partage et la démission de biens.

1ent *Partage d'ascendants.*

20. Le partage d'ascendants était autorisé par un grand nombre de coutumes (Bretagne, art. 560 ; Bourbonnais, art. 216 ; Bourgogne, tit. VII, art. 6 ; Nivernais, ch. XXXIV, art. 17 ; Poitou, art. 219 ; Artois, art. 85 ; Lorraine, *Tit. des Test.,* art. 4, etc.).

Celles de Paris et plusieurs autres ne s'en expliquaient pas, mais l'influence du droit romain, l'exemple des coutumes qui autorisaient expressément le partage, enfin, l'utilité qu'il présentait, le firent recevoir dans la pratique.

21. Les coutumes qui autorisaient le partage étaient loin de suivre toutes les mêmes règles ; les unes, et c'était le plus grand nombre, le permettaient à tous les ascendants sans distinction, et quelques-unes à l'inverse le restreignaient aux pères et mères.

Mais la doctrine et la jurisprudence avaient entendu les mots père et mère dans le sens générique d'ascendants. Quelques coutumes accordaient même aux collatéraux le droit de faire le partage. Cette faculté fut toujours considérée comme exceptionnelle (Lebrun, *Succ.,* liv. IV, ch. I, n° 11).

22. En général, la forme du partage était des plus simples comme dans les provinces de droit écrit. La coutume de Bourgogne et celle du Bourbonnais étaient les seules qui la réglassent. Elles portaient qu'il pouvait se faire soit en justice, soit par un acte public passé

devant deux notaires ou devant un notaire et deux témoins; soit enfin par un acte privé écrit, daté et signé de l'ascendant.

Dans les autres coutumes qui ne s'en expliquaient pas on observait la forme prescrite par les deux coutumes dont il s'agit.

23. Ces mêmes coutumes exigeaient, de plus, que l'ascendant survécût un certain espace de temps après la confection du partage, mais cette disposition, qui donnait lieu à beaucoup de procès et de fraudes, ne s'était pas accréditée dans les autres coutumes.

Le partage était révocable au gré de l'ascendant. Plusieurs coutumes s'en expliquaient formellement (Bretagne, Bourbonnais, Bourgogne).

La révocation se faisait, soit par un testament, soit par une simple déclaration écrite. Telle était du moins la disposition de la coutume de Bretagne dans laquelle la matière de partage est traitée avec un grand développement.

24. Toutefois on décidait : que le partage fait par le père et la mère conjointement et qui comprenait leurs biens communs et leurs biens personnels confondus dans une seule masse, ne pouvait être révoqué que du consentement des deux époux; de sorte qu'il devenait irrévocable au décès de l'un d'eux (Auroux des Pommiers, Coutumes du Bourbonnais).

Le partage était aussi irrévocable : 1° lorsqu'il résultait d'un contrat de mariage ;

2° Lorsqu'il avait été exécuté.

25. Quelques auteurs pensaient que le seul fait de la délivrance des lots suffisait pour rendre le partage irrévocable (Auroux des Pommiers sur Bourbonnais; Loysel, *Inst. cout.*).

D'autres jurisconsultes n'admettaient cette solution qu'autant que l'ascendant avait déclaré renoncer à la faculté de révocation. En effet, puisque de sa nature le partage était révocable, on ne devait pas supposer, en l'absence de déclaration précise de la part de l'ascendant, qu'il avait voulu changer ce caractère (Boullenois, quest. 17).

26. Contrairement à ce qui s'était pratiqué en droit romain, le partage était nul :

1° Lorsque l'un des descendants y avait été omis (Auroux des Pommiers ; Furgole).

2° S'il ne comprenait pas tous les biens de l'ascendant, tous ceux du moins qu'il possédait lors de la confection du partage (Lebrun, *Succ.*, liv. IV, chap. I, n° 69 ; Maillard, Cout. d'Artois, art. 85).

27. Les enfants copartagés étaient, du reste, toujours considérés comme des héritiers ; ils ne devenaient pas simples légataires.

« Chacun enfant, disait Coquille (sur Nivernais), prendra en qualité d'héritier, et s'il ne prend qualité d'héritier, il n'aura rien. »

Les coutumes portaient même, pour la plupart, que les enfants avaient la saisine légale de la portion que l'ascendant leur avait assignée.

28. Par suite, chaque enfant était tenu des dettes à raison de sa part héréditaire et non d'après son émolument, à moins que l'ascendant n'eût réparti le passif.

Quant à la garantie, il y eut de vives discussions ; néanmoins, d'après le sentiment le plus général, elle était due de droit (Lebrun, *Succ.*, liv. IV, ch. I, n° 69 ; Boullenois, p. 187).

29. Une autre question importante était celle de l'égalité entre les descendants.

Dans les coutumes de préciput, l'enfant n'était admis à réclamer qu'autant qu'il n'avait pas sa légitime entière, et encore, dans ce cas, l'action n'était qu'en complément de la légitime (Bourgogne, Bourbonnais).

Les autres coutumes n'avaient point autorisé l'inégalité dans le partage, de sorte qu'il était rescindable pour cause de lésion; mais la question était de savoir quelle devait être la lésion. En général, on laissait une certaine marge à l'erreur possible des estimations, et les magistrats avaient à juger, suivant les circonstances, si l'inégalité était assez grave pour entraîner la rescision (Ricard, *Don.*, Ire part., n° 1653; Pothier, *Intr. à la Coutume d'Orléans*, titre XVII, Appendice).

30. D'ailleurs, l'ascendant devait se conformer aux règles ordinaires du partage pour l'égale répartition des biens de différente nature qui composaient son patrimoine; en conséquence, il ne pouvait attribuer à certains enfants tous les immeubles en n'attribuant aux autres que des objets mobiliers ou de l'argent (Boullenois, p. 80).

2ent *Démission de biens.*

31. La démission de biens est ainsi définie par Ferrière: « C'est une disposition par laquelle un homme, dans la vue d'imiter l'ordre des successions et de prévoir le cas de la mort, se dépouille de son vivant de l'universalité de tous ses biens pour en saisir par anticipation ses héritiers présomptifs et les rendre, par ce moyen, possesseurs actuels et propriétaires des biens d'une succession future dont ils n'avaient que l'espérance. »

C'était donc une sorte d'ouverture anticipée de la succession, que les héritiers présomptifs étaient libres de refuser, de même que la succession ouverte.

32. La démission pouvait être faite par les ascendants et par les collatéraux, avec ou sans partage.

Elle devait comprendre tous les héritiers présomptifs du démettant et tous ses biens.

33. Il fallait que la volonté du démettant fût bien constatée et que les démissionnaires l'eussent acceptée, au moins tacitement, par la prise de possession des biens (Furgole, *Test.*, ch. VIII, n° 182).

Aucune forme particulière n'était prescrite ; mais en Normandie l'insinuation était regardée comme nécessaire (Basnage, sur l'art. 448 de la Coutume).

34. La démission emportait garantie réciproque entre les démissionnaires (Boullenois, p. 44 et 73).

35. Cette disposition était révocable de sa nature, et la révocation avait pour effet d'annuler toutes les aliénations et hypothèques consenties par les démissionnaires (Ricard, *Don.*, 994 ; Merlin, *Quest.*, v° Démission).

Toutefois, les Parlements se montraient peu disposés à valider les révocations si préjudiciables aux droits des tiers. Les Parlements de Normandie et de Bretagne tenaient la démission pour irrévocable (d'Argentré, Basnage, Duparc-Poulain, *passim*).

ARTICLE TROISIÈME.

DROIT INTERMÉDIAIRE.

36. La loi du 17 nivôse an II, en abrogeant toutes les lois et coutumes antérieures, établit l'égalité parfaite dans les successions sur le territoire de la République entière ; elle défendit tout avantage direct ou indirect au profit de l'un des héritiers, mais elle avait gardé le silence sur le partage d'ascendant.

On en avait couclu qu'elle ne faisait pas obstacle à la démission de biens telle qu'elle était admise dans le ressort des coutumes d'égalité. C'est du moins ce que la jurisprudence avait décidé (Cass., 11 décembre 1814 ; 11 juin 1835).

37. La loi de nivôse fut abrogée par celle du 5 germinal an VIII, permettant d'avantager l'un des héritiers par préciput, sans s'expliquer cependant sur les dispositions contenant partage ; la doctrine en avait tiré la conclusion qu'elle ne s'y opposait pas.

ARTICLE QUATRIÈME.

DROIT ACTUEL.

38. Les partages d'ascendants sont réglés dans les articles 1075 à 1080 inclusivement du Code civil.

Voici leurs dispositions :

« 1075. Les père et mère et autres ascendants pourront faire, entre leurs enfants et descendants, la distribution et le partage de leurs biens.

« 1076. Ces partages pourront être faits par actes entre vifs ou testamentaires, avec les formalités, conditions et règles prescrites pour les donations entre vifs et testaments.

« Les partages faits par actes entre vifs ne pourront avoir pour objet que les biens présents.

« 1077. Si tous les biens que l'ascendant laissera au jour de son décès n'ont pas été compris dans le partage, ceux de ces biens qui n'y auront pas été compris seront partagés conformément à la loi.

« 1078. Si le partage n'est pas fait entre tous les enfants qui existeront à l'époque du décès et les descendants de ceux prédécédés, le partage sera nul pour le tout. Il en pourra être provoqué un nouveau dans la forme légale, soit par les enfants ou descendants qui n'y auront reçu aucune part, soit même par ceux entre qui le partage aurait été fait.

« 1079. Le partage fait par l'ascendant pourra être attaqué pour cause de lésion de plus du quart; il pourra l'être aussi dans le cas où il résulterait du partage et des dispositions faites par préciput, que l'un des copartagés aurait un avantage plus grand que la loi ne le permet.

« 1080. L'enfant qui, pour une des causes exprimées en l'article précédent, attaquera le partage fait par l'ascendant, devra faire l'avance des frais de l'estimation ; et il les supportera en définitive, ainsi que les dépens de la contestation, si la réclamation n'est pas fondée. »

39. Quoique les dispositions du Code diffèrent sensiblement des systèmes des coutumes et du droit écrit, le souvenir des anciens noms du partage d'ascendant s'est perpétué dans plusieurs contrées où il est encore dénommé : *partage anticipé, partage de présuccession, démission de biens.* Ces expressions sont vicieuses, et on doit se garder de les employer dans la rédaction des actes.

TITRE PREMIER.

CONDITIONS DE VALIDITÉ DU PARTAGE D'ASCENDANTS.

40. Sous ce titre, seront indiquées :

1° Les personnes devant figurer dans le partage ;

2° Les conditions de capacité requises ;

3° Et les formes du partage.

§ 1er.

PERSONNES QUI DOIVENT FIGURER DANS LE PARTAGE.

—

ARTICLE PREMIER.

PAR QUI LE PARTAGE D'ASCENDANT PEUT ÊTRE FAIT.

41. La loi n'accorde qu'aux ascendants la faculté de faire la distribution de leurs biens entre leurs enfants et descendants, avec les effets particuliers que le législateur y attache.

C'est une sorte de privilége dévolu à la qualité d'ascendant.

42. Cependant, toute personne capable de disposer à titre gratuit peut faire, par donation entre vifs ou par testament, la distribution de ses biens entre ses donataires et légataires.

Mais il ne faut pas confondre un tel acte avec le partage d'ascendant.

Le partage de présuccession entre collatéraux ou étrangers ne produit pas les effets du partage d'ascendants ; il est considéré comme une donation entre vifs ou un legs ordinaire (Aubry et Rau, § 728; Demolombe, XXII, 700).

Par exemple, cette disposition n'est pas rescindable pour cause de lésion ni pour prétérition (Dalloz, *Disp. entr.*, 4452).

43. Toutefois, le disposant pourrait déclarer expressément qu'il entend attacher à sa donation ou à son legs les effets du partage d'ascendants, à la condition de les préciser tous (Marcadé, art. 1075; Troplong, IV, 2296; Bonnet, 128; Demolombe, XXII, 701; Aubry et Rau, § 728).

44. Suivant un autre système, il suffisait au collatéral ou à l'étranger de mentionner que c'est un partage de sa succession qu'il entend faire entre ses héritiers, donataires ou légataires, pour que chacun des effets attachés au partage d'ascendants soit produit, car la présomption de volonté, dans ce cas, est exactement la même que s'il s'agissait d'un partage d'ascendants (Caen, 2 déc. 1847; Bertauld, n° 27).

Cette dernière opinion ne nous paraît pas devoir être suivie en pratique, nous estimons que si un collatéral veut attacher à sa disposition les effets du partage d'ascendant, il doit manifester son intention d'une manière expresse, car le partage d'ascendants est une exception (Dic. not., *Part. d'asc.*, 20).

45. La personne qui, sans enfants nés en mariage, aurait plusieurs enfants adoptifs, pourrait faire entre eux le partage de ses biens comme s'il s'agissait d'enfants légitimes (Bonnet 178; Demolombe, XXII, 704; Vazeille, art. 1078).

46. La question de savoir si un mineur âgé de 16 ans a le droit de faire entre ses enfants un partage entre vifs de ses biens nous semble devoir être résolue par la négative, mais le mineur pourrait faire un partage testamentaire de toute sa fortune.

Pourtant ce point est contesté en doctrine. Du reste il présente peu d'intérêt pratique : l'occasion se présentera rarement pour le mineur de faire un partage d'ascendant (Demolombe, XXIII, 22; Requier, 44; Genty, 128; Dalloz, 4515; *Contra*, Bertauld, 39; Bonnet, 150).

ARTICLE DEUXIÈME.

ENTRE QUI LE PARTAGE D'ASCENDANT A LIEU.

47. Un partage, quelle qu'en soit la forme, n'est valable qu'autant qu'il a lieu entre tous les descendants.

48. L'ascendant doit naturellement faire des dispositions conformes aux règles du partage de succession ou d'indivision.

En conséquence, tous les enfants légitimes, légitimés et adoptifs ayant également droit à la succession légitime, doivent être apportionnés par l'ascendant.

49. L'omission d'un seul serait une cause de nullité du partage (C. civ., 1078).

S'il survenait un enfant à l'ascendant, vivant au décès de ce dernier, le partage serait nul.

50. L'enfant naturel, quoique n'ayant pas le titre d'héritier, a un droit héréditaire semblable à celui des enfants légitimes, de sorte qu'il doit être compris dans le partage d'ascendant (Demolombe, XXII, 705; Genty, 126; Vazeille, art. 1078).

51. Mais lorsque l'ascendant a donné antérieurement à l'enfant naturel la moitié de ce qui lui est attribué par la loi (C. civ., 757), avec déclaration expresse que son intention est de le réduire à la portion assignée, l'ascendant peut ensuite se dispenser de comprendre l'enfant naturel dans son partage (Bonnet, 182).

Cependant on ne doit user de ce moyen qu'avec une grande circonspection, parce qu'il y a toujours à craindre une réclamation de l'enfant naturel en complément de sa moitié qu'il n'est pas facile de déterminer exactement à l'avance (C. civ., 761).

52. Il est superflu d'ajouter que les enfants incestueux ou adultérins, lorsque leur filiation est judiciairement établie, n'ayant droit qu'à des aliments, ne sont pas appelés au partage d'ascendant (C. civ., 762; Bonnet, 181).

53. Si un étranger se trouve compris dans un partage d'ascendant, cette disposition ne rend pas le partage nul; elle est elle-même valable comme don de tout ou partie de la quotité disponible (Cass., 12 août 1840; Dalloz, 4465).

54. Un partage d'ascendant entre vifs ne peut avoir lieu qu'entre les descendants qui se trouvent au degré immédiatement successible (Cass., 26 janvier 1848; Douai, 10 novembre 1853).

55. Le partage testamentaire fait par l'aïeul à ses petits-enfants, du vivant de leur père, est valable lorsque les petits-enfants se trouvent être les héritiers légitimes du disposant (Dalloz, 4466; Genty, 129).

56. Le partage entre vifs opéré par un père entre son fils et les enfants de celui-ci, ne serait qu'une donation entre vifs ordinaire (Cass., 12 août 1840).

Il en est de même du partage fait directement par l'aïeul entre ses petits-enfants, le père de ceux-ci vivant.

Et du partage fait par l'aïeul et son fils entre les petits-enfants du premier; l'aïeul n'aurait disposé ainsi que par donation entre vifs, dans les conditions ordinaires.

Ces points ont un intérêt pratique, pour la perception des droits d'enregistrement, *Comp.*, n° 495.

§ 2.

CAPACITÉ DES PARTIES.

57. La capacité de disposer ou de recevoir par donation entre vifs ou par testament est la règle, l'incapacité n'est que l'exception, ainsi qu'il ressort de l'article 902 du Code civil, dont voici le texte :

« Toutes personnes peuvent disposer et recevoir, soit

par donation entre vifs, soit par testament, excepté celles que la loi en déclare incapables. »

L'étranger, non naturalisé en France, ayant le droit de disposer à titre gratuit soit par donation entre vifs, soit par testament de la même manière que les Français, peut faire un partage d'ascendant (l. 14 juillet 1819; Genty, p. 120; Demolombe, XXIII, 28; Bonnet, 157).

58. La capacité de disposer est appelée, en droit, capacité active, la capacité de recevoir se nomme capacité passive.

ARTICLE PREMIER.

INCAPACITÉ ACTIVE.

I. — Insanité d'esprit.

59. Sont incapables de faire un partage entre vifs ou testamentaire, les ascendants qui ne sont pas sains d'esprit, pour démence, fureur ou imbécillité habituelle, alors même qu'ils ne seraient ni interdits ni enfermés (C. civ., 489).

60. On est recevable à prouver la démence à l'époque de la disposition, encore bien que l'interdiction n'ait été ni prononcée ni provoquée (Cass., 26 mars 1822; 10 mars 1824; 22 nov. 1827; 6 déc. 1834).

61. Cependant lorsque le disposant est interdit, l'acte qu'il a fait ensuite est nul de droit, tandis que s'il n'y a pas interdiction, il faut prouver l'insanité d'esprit pour faire annuler la disposition (Demolombe, XVIII, 327, 361; Cass., 26 fév. 1838; 26 juillet 1842; 5 août 1856).

62. Si les dispositions sont pleines de sagesse, et que le juge admette l'existence d'intervalles lucides, les dispositions pourraient être maintenues. C'est, du moins, ce qu'enseignent plusieurs jurisconsultes, quoique le texte de l'article 901 paraisse se refuser à cette interprétation (Demolombe, VIII, 633; XVIII, 371).

63. La preuve de l'insanité d'esprit est admissible sans inscription de faux, alors même que le notaire aurait, dans la disposition, attesté que le disposant était sain d'esprit (Cass., 22 nov. 1810, 18 juin 1816, 27 fév. 1821, 1er déc. 1851; Bourges, 26 fév. 1855).

64. L'ivresse est un état passager de démence, de sorte que la disposition faite en cet état est nulle (Caen, 9 janvier 1823; Demolombe, XVIII, 344).

D'ailleurs, les tribunaux sont appréciateurs souverains des faits articulés pour établir l'insanité d'esprit (Aubry et Rau, § 648, 1°).

II. — Maladies et infirmités.

65. Les sourds, sourds-muets, aveugles, muets et paralytiques ne sont pas incapables de disposer lorsqu'ils peuvent manifester leur volonté dans la forme prescrite par la loi.

66. Le sourd-muet et le muet, sachant lire et écrire, peuvent faire :

Un partage entre vifs (Aubry et Rau, § 648, 1°);

Un testament olographe (Bordeaux, 16 août 1836);

Ou un testament mystique (Colmar, 17 janvier 1815).

Mais ils ne pourraient faire un testament authentique, parce qu'ils ne peuvent le dicter (C. civ., 979; Demolombe, XVIII, 351).

67. Le sourd, sachant lire et écrire, peut faire, outre le testament olographe :

Un testament public (Paris, 27 janvier 1810);

Un testament mystique (Orléans, 17 juillet 1817);

68. Dans ces différents cas, le sourd-muet, le sourd et le muet doivent lire eux-mêmes la disposition et déclarer que c'est bien l'expression de leur volonté.

69. L'individu atteint de cécité complète peut disposer :

Par acte entre vifs;

Par testament public;

Et en la forme olographe, si toutefois il sait lire (Cass., 28 juin 1847).

Le testament mystique est interdit à l'aveugle, ainsi qu'à l'individu complètement illettré, puisqu'ils ne peuvent lire (C. civ., 978).

Plusieurs auteurs admettent comme valable le testament mystique qu'un aveugle aurait fait imprimer en caractères saillants qu'il aurait pu lire par le toucher. C'est là une observation rationnelle, mais des contestations seraient à craindre sur le point de savoir si l'aveugle a réellement pu lire et saisir le sens du testament (Coin-Delisle, art. 978, n° 4; Marcadé, même art.; Demolombe, XXI, 395).

70. La paralysie et les autres maladies ou les infirmités ne constituent pas l'état d'insanité d'esprit, du moment où l'intelligence est intacte (Demolombe, XVIII, 350).

III. — Passions.

71. L'homme dominé par une passion violente perd son libre arbitre; ainsi l'amour, la jalousie, la colère, troublent momentanément la raison et pourraient faire annuler la disposition (Aix, 18 janv. 1808; Limoges, 31 août 1810; Lyon, 25 juin 1816; Angers, 27 août 1824; Demolombe, XVIII, 345).

IV. — Conseil judiciaire.

72. Le pourvu d'un conseil judiciaire est capable de disposer par testament, sans l'assistance de son conseil, quelle que soit la cause qui ait déterminé la nomination de ce conseil (Cass., 19 déc. 1814, 14 fév. 1849).

Mais il ne peut faire une donation entre vifs sans l'assistance de son conseil, parce que la donation est un acte d'aliénation, transférant la propriété immédiate (C. civ., 499, 813, 894).

V. — Interdiction.

73. L'individu frappé d'interdiction pour imbécillité, démence ou fureur (C. civ., 489), est absolument incapable de disposer, même par testament (Aubry et Rau, § 648, n° 5).

Les actes faits sont nuls de droit, par la preuve de l'interdiction, sans qu'on puisse être admis à établir qu'ils ont eu lieu dans un intervalle lucide (Troplong, 462; Saintespès-Lescot, I, 150; Aubry et Rau, § 648, 1°. — *Contra :* Demolombe, VIII, 633 à 648).

VI. — Minorités.

74. Nous avons vu plus haut, n° 46, que l'ascendant mineur peut faire un partage testamentaire, mais non un partage entre vifs.

VII. — Femme mariée.

75. Pour disposer par testament, la femme n'a besoin d'aucune autorisation (C. civ., 905).

76. Elle ne peut donner entre vifs sans l'autorisation de son mari ou de justice (C. civ., 217, 219).

Quand la femme se fait autoriser par justice, ses actes de disposition ne peuvent préjudicier au mari (C. civ., 905).

77. La femme mariée sous le régime dotal ne peut faire le partage d'ascendant entre vifs de ses biens dotaux, à moins que la donation n'ait pour but l'établissement des enfants (C. civ., 1554 à 1556; Cass., 27 juin 1850, 18 avril 1864; Caen, 11 juin 1869; Aubry et Rau, § 537).

Le partage fait par une femme dotale n'est pas considéré comme ayant pour but de procurer un établissement aux enfants, surtout lorsque étant de la nue-propriété des immeubles, il n'est pas de nature à leur procurer des avantages immédiats, et que d'ailleurs l'un des enfants a été antérieurement doté (Caen, 11 juin 1869 ; Montpellier, 5 juin 1872).

La jurisprudence accorde à l'article 1556 une portée assez large pour permettre le partage d'ascendants par la femme dotale dans un grand nombre de circonstances, pourvu que le mot établissement soit employé et expliqué de manière à faire ressortir que les enfants seront mis à même de se suffire à eux-mêmes (Cass., 9 avril 1838 ; Paris, 25 août 1845; Rodière et Pont, 1793; Aubry et Rau, § 537).

78. Dans certains pays de régime dotal, on fait souvent le partage entre vifs des biens dotaux, sans se préoccuper de l'incapacité de la femme.

Une telle pratique offre de grands dangers, puisque la femme ou ses héritiers peuvent faire révoquer le partage d'ascendants (C. civ., 1560).

79. On décide même que si le mari et la femme dotale ont confondu leurs biens en une masse commune et en ont fait le partage entre leurs enfants, la femme ayant demandé la nullité de sa donation, le mari peut, de son côté, demander la nullité de la sienne (Cass., 5 janvier 1846 ; Demolombe, XXIII, 126 ; Requier, 84 ; Bonnet, 454).

80. Tout partage dans ces conditions doit être ratifié par la femme ou par ses héritiers, aussitôt que l'incapacité a cessé par le décès de l'un des époux.

81. Pour l'avenir, la difficulté disparaîtra si les notaires ont soin de stipuler dans les contrats de mariage que la femme pourra aliéner ses biens dotaux, à titre de partage d'ascendants entre vifs.

VIII. — Failli.

82. Le failli ne peut pas disposer par partage entre vifs ; en effet la loi déclare nul et sans effet, relativement à la

masse des créanciers tous actes translatifs de propriété à titre gratuit (C. comm., 446).

83. Le partage d'ascendant fait par une personne depuis tombée en faillite ne peut pas être utilement transcrit après l'époque de la cessation des paiements. C'est du moins l'opinion dominante (Demolombe, xx, 303, 304; Montpellier, 27 avril 1840; Cass., 23 nov. 1859; Aubry et Rau, 5, 704, note 33).

IX. — Condamné à une peine afflictive.

84. Le condamné à une peine afflictive perpétuelle ne peut disposer de ses biens, en tout ou partie, soit par donation entre vifs, soit par testament.

85. Tout testament par lui fait antérieurement à la condamnation contradictoire devenue définitive est nul. Cette disposition n'est applicable au condamné par contumace que cinq ans après l'exécution par effigie (l. 31 mai 1854, art. 3).

86. Ces incapacités ne sont pas effacées par la cessation de la peine principale, mais seulement par la réhabilitation.

Toutefois, à défaut de réhabilitation complète, le gouvernement peut relever le condamné de tout ou partie des incapacités, en lui rendant par exemple le droit de disposer à titre gratuit des biens qu'il avait lors de sa condamnation ou qu'il a recueillis depuis (même loi, art. 4; Bertauld, C. p., pen. 459; Demolombe, I, p. 347).

87. L'individu condamné aux travaux forcés à temps, à la détention ou à la réclusion est en état d'interdiction légale pendant la durée de sa peine (C. p., 29).

Il est incapable de disposer par donation entre vifs, mais il peut tester pendant l'interdiction (Rouen, 28 déc. 1822; Nîmes, 16 juil. 1835; Colmar, 1er av. 1846; Demolombe, I, 192; XVIII, 462; Aubry et Rau, § 85, 648).

ARTICLE DEUXIÈME.

INCAPACITÉ PASSIVE.

88. Sont incapables de recevoir par un partage entre vifs ou testamentaire :

1° Ceux qui ne sont pas conçus au moment de la donation-partage, ou qui étant conçus ne naissent pas viables, ou qui ne sont pas conçus au décès de l'ascendant testateur (C. civ., 906).

2° Les enfants naturels simples et les enfants adultérins ou incestueux, au-delà de ce qui leur est accordé par la loi (C. civ., 908, 756 à 764).

Cette prohibition ne s'applique qu'aux libéralités faites par les père et mère. Les enfants naturels ou incestueux peuvent recevoir des ascendants de leurs père et mère (Troplong, II, 632; Demolombe, XXVIII, 561 ; Aubry et Rau, § 649, 2° ; Rouen, 10 mars 1851).

3° Les condamnés à une peine afflictive perpétuelle, à moins que le Gouvernement ne les ait relevés de leur incapacité (l. 31 mai 1854).

Cependant le condamné est valablement loti dans un partage testamentaire, mais il ne peut rien recevoir à titre de préciput (Aubry et Rau, § 729 ; Demolombe, XXIII, 30; Requier, n° 49).

4° Les personnes que la loi déclare indignes de succéder et exclut des successions, savoir :

Celui qui serait condamné pour avoir donné ou tenté de donner la mort au défunt ;

Celui qui a porté contre le défunt une accusation capitale jugée calomnieuse ;

L'héritier majeur qui, instruit du meurtre du défunt, ne l'aura pas dénoncé à la justice (C. civ., 727).

89. L'indignité ne s'applique pas au partage entre vifs, en ce sens que l'indigne reste donataire et peut retenir

son lot dans les limites de la quotité disponible (Bonnet, 634; Dijon, 20 novembre 1865).

ARTICLE TROISIÈME.

ÉPOQUE DE LA CAPACITÉ DE DISPOSER OU DE RECEVOIR.

90. Les rédacteurs du Code civil ne se sont pas occupés spécialement des époques à considérer, pour apprécier la capacité de disposer ou de recevoir par donation entre vifs ou par testament; il est donc nécessaire de recourir aux principes généraux pour résoudre les questions que cette matière soulève.

I. — Partage entre vifs.

91. Quand le partage entre vifs et l'acceptation des donataires ont lieu par un seul et même acte, il faut et il suffit que le donateur et les donataires soient capables à ce moment même.

Il n'y a pas à s'enquérir, dans ce cas, d'une incapacité antérieure ou postérieure du donateur ou des donataires.

92. Lorsque, au contraire, la donation et l'acceptation ont lieu par actes séparés, il faut que le donateur soit capable non-seulement au jour de la donation, mais encore jusqu'à celui de la notification de l'acceptation de tous les donataires; si dans l'intervalle le donateur avait perdu l'usage de ses facultés morales ou se trouvait privé du droit de disposer de ses biens à titre gratuit, la donation serait non avenue (Aubry et Rau, § 650; Demolombe, XX, 150).

93. Les donataires doivent avoir eu la capacité de recevoir, tant au moment de la donation qu'à celui de l'acceptation (Aubry et Rau, § 650; Demolombe, XVIII, 579, 703; Coin-Delisle, art. 906 et 932).

94. Il ressort de ce qui vient d'être dit :

Que le condamné à une peine afflictive perpétuelle ne peut accepter une donation faite à son profit, alors même qu'après la donation il viendrait à recouvrer ses droits civils ;

Que la personne capable de recevoir au moment de la donation ne pourrait plus accepter si dans l'intervalle elle était condamnée à une peine afflictive perpétuelle.

II. – Partage testamentaire.

95. L'ascendant testateur doit être capable de disposer, en fait et en droit, à l'époque de la confection du testament (Cass., 30 août 1820, 26 nov. 1856; Troplong, II, 430).

96. Il faut aussi que le testateur conserve jusqu'à son décès la capacité légale de tester, c'est-à-dire de transmettre par testament, mais il n'est pas nécessaire qu'il ait conservé jusqu'à cette époque l'usage de ses facultés morales ; ainsi :

La fureur, la démence et autres accidents du même genre, survenus depuis l'expression de la volonté testamentaire, ne lui empêcheront pas de subsister (Troplong, I, 433; Demolombe, XVIII, 713).

97. La condamnation du testateur à une peine afflictive perpétuelle entraînerait la nullité du testament (l. 31 mai 1854); Duranton, VIII, 173).

98. Pour les enfants légataires, sans préciput, il suffit qu'ils soient capables de recueillir la succession de l'ascendant testateur.

ARTICLE QUATRIÈME.

EFFETS DE L'INCAPACITÉ.

99. Les dispositions entre vifs ou testamentaires, faites par des personnes absolument incapables de disposer à titre gratuit, sont nulles.

100. L'action en nullité d'une donation faite par un individu condamné à une peine afflictive perpétuelle, se prescrit par trente ans ; pour la donation faite par d'autres incapables, l'action se prescrit par dix ans, à compter du jour où l'incapacité a cessé.

101. Dans le premier cas, l'incapacité étant perpétuelle, la confirmation de la donation est impossible ; dans tous les autres, la confirmation peut avoir lieu après la cessation de l'incapacité (C. civ., 1304).

102. A l'égard de l'action en nullité d'un testament fait par un incapable, on doit observer que les trente ans ne courent qu'à partir de son décès, quelle que soit la cause de l'incapacité (Bordeaux, 14 mars 1843 ; Larombière, art. 1304, n° 60).

103. Toute disposition entre vifs ou testamentaire, faite au profit d'une personne incapable de recevoir, est nulle (C. civ., 909).

104. Quant à la disposition faite en faveur d'une personne frappée d'une incapacité partielle, elle est, en cas d'excès, réductible à la quotité disponible, encore bien qu'elle soit déguisée sous la forme d'un contrat à titre onéreux (C. civ., 908, 913, 920).

Mais les enfants aptes à intenter l'action en nullité ne sont plus admis à le faire quand ils ont consenti à l'exécution de la disposition, après le décès de l'ascendant et en connaissance de cause (Cass., 16 août 1841, 24 juillet 1854 ; Aubry et Rau, § 650 *bis*).

§ 3.

FORMES DU PARTAGE.

105. Le partage d'ascendant ne peut avoir lieu que par donation entre vifs ou par testament.

Il est soumis aux formalités de l'un ou de l'autre de ces

modes de disposer, selon qu'il emporte dépouillement actuel de son auteur, ou que les effets en sont ajournés au décès de celui-ci (C. civ., 1076, 931, 970, 971, 976).

106. En entourant l'ascendant des conseils d'un officier public expérimenté, au moment de la consommation de l'un des actes les plus importants de la vie civile, la loi a eu pour but de le prémunir contre les convoitises et les rivalités des descendants et aussi de le mettre à même d'apprécier les conséquences de ses dispositions.

Les formalités de chacun de ces modes de disposer vont être indiquées séparément.

ARTICLE PREMIER.

PARTAGE ENTRE VIFS.

107. D'après l'article 931 du Code civil, le partage entre vifs doit être passé, en minute, devant notaires, dans la forme ordinaire des contrats.

Les conditions de validité des actes notariés se trouvent dans la loi du 35 ventôse an XI, à laquelle il faut ajouter, pour le partage entre vifs, la loi du 21 juin 1843.

108. Il suffit de rappeler ici les prescriptions dont l'omission entache la validité de l'acte :

Les notaires ne peuvent exercer leurs fonctions que dans l'étendue de leur ressort (l. 25 ventôse an XII, art. 8).

Ils ne peuvent recevoir des actes dans lesquels ils sont personnellement intéressés, ni les actes où se trouvent être parties leurs parents ou alliés en ligne directe à tous les degrés et en collatérale jusqu'au troisième degré inclusivement (même art., Dalloz, vol 395).

Les actes des notaires sont reçus, soit par deux notaires, soit par un notaire assisté de deux témoins (même loi, art. 9).

La présence effective du notaire en second ou des témoins instrumentaires n'est requise qu'au moment de la lecture de l'acte et de sa signature par les parties ; elle doit être mentionnée dans l'acte (l. 21 juin 1843).

Deux notaires, parents ou alliés, en ligne directe à l'infini et en ligne collatérale jusqu'au troisième degré inclusivement, ne peuvent concourir à la confection du même acte (l. 25 ventôse an XI, art. 10).

Sont seuls capables de servir de témoins les citoyens français jouissant de leurs droits civils et politiques, sachant signer et domiciliés dans l'arrondissement communal où l'acte est passé (idem, art. 9). Un failli étant privé de l'exercice des droits politiques est incapable d'être témoin dans un partage entre vifs, mais il pourrait l'être dans le partage testamentaire (Aubry et Rau, § 755; Rouen, 13 mai 1839.)

Les individus réunissant les conditions de capacité indiquées ne peuvent servir de témoins s'ils sont, soit parents ou alliés en ligne directe à tous degrés et en ligne collatérale jusqu'au troisième degré inclusivement, soit serviteurs ou clercs du notaire ou des parties qui figurent dans l'acte (idem, art. 10; Paris, 13 mars 1832).

Les témoins peuvent être parents ou alliés entre eux ; cependant, pour éviter toute suspicion de dépendance, les notaires très-prudents s'abstiennent généralement d'appeler des témoins parents (Lett. min. just., 7 octobre 1809; Bruxelles, 25 mars 1806).

Les actes notariés doivent contenir le nom et la demeure des témoins instrumentaires; le lieu, l'année et le jour où ils sont passés (l. 25 ventôse an XI, art. 12).

Tous les actes sont rédigés en langue française (Cass., 4 juin 1807, 4 août 1859 ; arr. 27 prairial an XI).

Les actes sont signés par les parties, les témoins et les notaires ; ils doivent contenir la mention de l'accomplissement de cette formalité.

Si les parties, ou l'une d'elles, ne savent ou ne peuvent

signer, le notaire doit faire mention de leur déclaration à cet égard (idem, art. 14 et 15).

Toutes ces prescriptions doivent être observées à peine de nullité de l'acte (idem, art. 68).

Les renvois sont aussi signés et paraphés de tous, à peine de nullité (idem, art. 14).

109. L'énonciation du nom et de la résidence du notaire; des noms, prénoms, qualités et demeures des parties; des sommes et des dates en toutes lettres; les abréviations, blancs, intervalles, surcharges, interlignes, additions; le défaut d'approbation des ratures entraînent des pénalités contre le notaire (l. 25 ventôse, art. 12, 13, 16, 17).

109 *bis*. Quand un partage entre vifs est fait à plusieurs dates différentes, on doit énoncer clairement la présence des témoins aux diverses dates; une donation a été annulée parce qu'il ne résultait pas de ses énonciations, que les témoins avaient été réellement présents à chacune des dates (Riom, 3 janvier 1852).

110. Le partage entre vifs fait verbalement ou par acte sous signatures privées serait dépourvu de toute vertu légale, et sa nullité ne pourrait être réparée du vivant de l'ascendant par aucun acte de confirmation de lui ou de ses descendants (C. civ., 1339; Cass., 6 juin 1821, 5 janvier 1846; Bastia, 10 avril 1854).

Rien ne s'oppose d'ailleurs à ce qu'il soit refait selon les formes légales.

Après la mort de l'ascendant, ses héritiers peuvent renoncer à la nullité (C. civ., 1340). V. n° 425.

111. Le partage entre vifs fait en pays étranger, par un français, de biens situés en France, est valable quand il a été passé à la chancellerie du consulat, dans la forme des actes notariés (Dalloz, *Consul.*, 70, 97; Demolombe, XX, 17).

112. L'ascendant donateur peut, aussi bien que les donataires, se faire représenter par un mandataire spécial, muni d'une procuration authentique, en minute, faite

avec les mêmes solennités que la donation elle-même (C. civ., 933; Aubry et Rau, § 658. — Demolombe, xx, 26 à 30).

L'autorisation maritale donnée à la femme pour faire une donation, doit aussi être revêtue des mêmes formes que la donation (Cass., 1er décembre 1846). Toutefois la doctrine est contraire (Demolombe, iv, 194).

113. Dans un partage entre vifs, les immeubles donnés doivent être désignés d'une manière suffisamment claire pour qu'on puisse les reconnaître, malgré les transformations qu'ils pourraient subir à la surface; à cet effet, il est utile de rappeler, autant que possible, l'indication cadastrale, ainsi que les tenants et aboutissants.

114. Lorsque le partage comprend des effets mobiliers, corporels ou incorporels, ils doivent être désignés et estimés en un état annexé à l'acte (art. 948, C. civ., Cass., 11 avril 1854; Demolombe, ixx, 346).

L'état est nécessaire, encore bien que la donation soit accompagnée de la tradition réelle (Dalloz, *Disp. entre vifs*, 1538; Aubry et Rau, § 660).

Si la tradition était antérieure à l'acte, il y aurait alors don manuel valable, sans état (Demolombe, xx, 345; Dalloz, *Disp. entre vifs*, 1610, 1611).

115. La loi n'a prescrit aucune forme pour l'état estimatif.

Dans la pratique, lorsque les parties savent signer, il est fait sous-seing privé et annexé. Si les parties, ou l'une d'elles, ne savent ou ne peuvent signer, l'état ne peut être fait qu'en forme d'acte notarié (Dalloz, *Disp. entre vifs*, 1527; Dic. not., *État* n° 6).

Mais est parfaitement valable, sans annexe d'état, la donation renfermant la description détaillée, avec estimation, de tous les meubles donnés (Aubry et Rau, § 660; Demolombe, xx, 353).

116. Pour tenir lieu de l'état estimatif on peut se référer à un inventaire régulier, pourvu qu'il soit récent (Cass.,

11 juillet 1831, 11 avril 1854; Dalloz, J.-G. *Disp. entre vifs*, 1530; *Contra*, Limoges, 13 juin 1859; Rion, 22 janvier 1825). Seulement il nous paraîtrait prudent, dans la circonstance, d'annexer un extrait de l'inventaire à la donation, pour éviter toute interprétation judaïque de l'article 948, C. civ.

La description et l'estimation se font article par article; une estimation collective ne serait pas régulière (Cass., 17 mai 1848; Coin-Delisle, art. 948, n° 16.

117. A l'égard des meubles incorporels, tels que créances, rentes, ils sont désignés par la date du titre et les noms des débiteurs; l'estimation se trouve dans l'indication du montant de la créance ou du capital de la rente (Bordeaux, 19 juin 1853, 6 août 1834; Troplong, III, 1247; Demolombe, XX, 354).

118. Si le partage comprend des meubles et des immeubles, le défaut d'état le rend nul pour les meubles; il reste seulement valable pour les immeubles (Caen, 10 juin 1847).

Lorsqu'une partie seulement des objets donnés est estimée, la nullité n'atteint que les objets non décrits et non estimés (Limoges, 28 nov. 1826).

119. La nullité peut être demandée par le donateur, ses créanciers ou ses héritiers (Liége, 12 prairial an XII; Cass., 17 mai 1848, Demolombe, XX, 365).

120. L'ascendant procède ordinairement par une seule disposition, attribuant à chaque descendant sa part toute faite.

121. Il peut cependant atteindre le même résultat par deux dispositions distinctes, renfermées dans le même acte ou même dans deux actes séparés et attribuant : la première, les biens indivisément à tous les descendants; et, la seconde, les distribuant, mais en se rattachant à la première par un lien intime, de manière à ne former qu'un tout dans la commune intention des parties, alors même que la division paraîtrait avoir été effectuée par

les enfants eux-mêmes, sous la direction de l'ascendant (Dic. not. *Part d'asc.*).

En effet, la libéralité et la distribution entre les enfants sont toujours l'œuvre de l'ascendant donateur, lorsque les actes ne sont pas scindés en deux parties, de sorte que les donataires n'ayant jamais été en état d'indivision, s'il se trouve parmi eux des incapables, le partage en question est toujours affranchi des formalités judiciaires prescrites pour le partage du droit commun (Cass., 4 juin 1849; Agen, 17 novembre 1856).

122. Mais si les descendants, après avoir reçu de l'ascendant les biens indivis, s'en faisaient la libre distribution par acte postérieur, l'opération ne présenterait entr'eux que les caractères du partage ordinaire, alors même qu'elle aurait lieu en présence du donateur (Cass., 16 janvier 1867. Lyon, 23 mai 1868, Cass., 24 juin 1872).

123. Par application des principes qui viennent d'être exposés, la Cour de Cassation a jugé, le 4 juin 1849, que si certains immeubles compris au partage sont reconnus impartageables, la femme dotale est autorisée à recevoir dans son lot des sommes d'argent, sans qu'il y ait lieu de procéder à la licitation dans les termes de l'article 1558 du Code civil.

124. Il n'est pas de rigueur, pour qu'il y ait partage d'ascendant dans les termes de l'article 1075 et de la loi du 10 juin 1824, que ce partage soit matériellement effectué (Cass., 20 juin 1837, 11 avril 1838, 24 juin 1872; Rouen, 21 mars 1878; Demolombe, XXIII, 53).

L'attribution des lots doit nécessairement être faite par les donateurs quand il y a parmi les donataires des mineurs ou autres incapables.

Toutefois la distribution d'un lot divis n'est indispensable que pour l'incapable, les donataires majeurs pourraient rester dans l'indivision en vue de licitations ou autres combinaisons ultérieures.

125. Il a été jugé par la Cour de Paris, le 23 juin 1849,

que les père et mère, en abandonnant leurs biens à leurs enfants, pouvaient exiger que l'indivision durât 5 ans (Demolombe, XXIII, 56).

ARTICLE DEUXIÈME.

PARTAGE TESTAMENTAIRE.

126. L'ascendant qui veut faire son partage dans la forme testamentaire a l'option entre les trois modes de testaments reconnus par la loi : olographe, authentique, mystique (C. civ., 969).

127. Le testament est un acte essentiellement révocable par la volonté du disposant (C. civ., 895, 1035 et suiv.).

C'est une œuvre personnelle ; le testateur ne pourrait agir par mandataire.

128. Un testament ne peut être fait dans le même acte par deux ou plusieurs personnes, soit au profit d'un tiers, soit à titre de disposition réciproque (C. civ., 968).

129. Toutes les formalités auxquelles les divers testaments sont assujettis, doivent être observées à peine de nullité (C. civ., 1001).

Quand les biens faisant l'objet d'un partage testamentaire demandent une désignation et un établissement de propriété très-longs, on peut les faire établir par l'ascendant dans un acte notarié ordinaire, puis dans le testament se référer à cet acte, mais à la condition de conserver la substance des lotissements, avec une clarté telle qu'aucun doute ne soit possible, car les dispositions testamentaires doivent se suffire à elles-mêmes (Orléans, 20 juin 1845; Cass., 7 avril 1847; Caen, 3 mars 1879).

I. — Testament olographe.

130. On appelle testament olographe celui qui est écrit entièrement de la main du testateur.

Pour être valable, il suffit qu'il soit écrit, daté et signé par le testateur; il n'est assujetti à aucune autre forme (C. civ., 970).

131. La première condition de validité du testament olographe c'est qu'il soit écrit en entier de la main du testateur, de sorte qu'un seul mot d'une autre écriture annulerait le tout, à moins que ce mot ne fasse pas partie du testament ou qu'il ait été ajouté à l'insu du testateur (Cass., 22 juin 1857; 11 mai 1869; Lyon, 17 août 1855, 25 novembre 1868; Montpellier, 28 janvier 1873; — Demolombe, XXI, 63 à 69; Aubry et Rau, § 668).

S'il était établi qu'un tiers a conduit la main du testateur pour lui faire former les lettres, ou tracé au crayon des caractères mis à l'encre par un testateur, ne pouvant se rendre compte de leur valeur, le testament serait nul (Cass., 20 décembre 1858; Demolombe, XXI, 61; Aubry et Rau, § 668).

Mais le testament ne serait pas vicié par l'intervention d'un tiers à l'effet d'aider le testateur dans la disposition matérielle de son écriture sur le papier (Cass., 28 juin 1847; Paris, 21 avril 1848).

Un testament olographe peut être écrit sur toute espèce de papier, et même sur toute autre substance (Paris, 4 août 1857; 14 août 1860; Demolombe, XXI, 61).

132. Le testament doit être daté par l'indication des jour, mois et an de sa rédaction (Cass., 31 janvier 1859; Rouen, 15 novembre 1838; Aubry et Rau, § 668).

Cependant la date remplacée par des termes équivalents serait valable, ainsi : *le jour saint Jean-Baptiste 1881* est une date suffisante (Paris, 5 avril 1851; Demolombe, XXI, 83; Troplong, III, 1482).

La date en chiffre est valable, quoiqu'il soit préférable de l'exprimer en toutes lettres (Nîmes, 20 janvier 1810).

Elle est valablement placée, soit au commencement du testament, soit à la fin, même au-dessous de la signature (Cass., 9 mai 1825, 11 mai 1831; Paris, 20 avril 1828).

L'absence complète de date rend le testament nul.

Si la date est fausse ou incomplète, elle est assimilée au défaut absolu de date, à moins qu'il n'existe dans le testament des énonciations ou des éléments matériels suffisants pour rectifier ou compléter la date d'une manière certaine (Cass., 28 juin 1869; Demolombe, XXI, 87, 89, 90; Aubry et Rau, § 668).

Quand le testament porte une date antérieure à la mise en circulation du papier timbré sur lequel il est écrit, ou une date postérieure au décès du testateur, il y a nullité radicale (Cass., 4 janvier 1847, 18 novembre 1856, 31 janvier 1859, 11 mai 1864, 28 janvier 1869; Nîmes, 24 janvier 1870; Trib. Caen, 26 juin 1878; Lyon, 25 février 1870.

133. La disposition de la loi relative à la signature est satisfaite, lorsque le testateur a signé comme il a l'habitude de le faire (Cass., 23 mars 1824; Bourges, 19 août 1824; Paris, 7 avril 1848).

La femme mariée signe valablement en n'écrivant que son prénom et le nom de famille de son mari (Cass., 11 mai 1831), quoiqu'il soit préférable que la femme écrive toujours son nom de famille.

134. Les blancs, ratures, surcharges, interlignes et renvois ne sont pas soumis à la formalité d'une approbation spéciale (Cass., 29 mai 1832, 15 janvier 1834, 2 mai 1864; Paris, 8 mars 1844).

Il est bien entendu que les codicilles sont datés et signés comme le testament, à peine de nullité (Lyon, 11 décembre 1860).

II. — Testament public.

135. Le testament public est celui qui est reçu par deux notaires, en présence de deux témoins, ou par un notaire, en présence de quatre témoins (C. civ., 971).

136. Les notaires ne peuvent recevoir un testament hors de leur ressort.

Deux notaires, parents ou alliés jusqu'au degré d'oncle

ou de neveu inclusivement, ne peuvent concourir à la réception d'un testament.

Un notaire ne doit pas recevoir le testament de l'un de ses parents ou alliés au même degré.

Ni le testament contenant un legs, soit à son profit, soit au profit de ses parents ou alliés jusqu'au troisième degré inclusivement (l. 25 ventôse an XI, art. 6, 10, 68).

137. Les témoins appelés pour être présents au testament doivent être majeurs, mâles, français, et jouir des droits civils (C. civ., 980).

Cependant, si une erreur commune faisait passer un étranger pour français, le juge pourrait prendre l'erreur en considération pour ne pas prononcer la nullité du testament (Cass., 18 janvier 1830, 4 février 1850).

Tous ceux qui sont atteints d'infirmités physiques ou morales sont incapables d'être témoins : tels sont les sourds, les aveugles, les imbéciles, les personnes ivres.

Le failli a capacité suffisante pour être témoin dans un testament (Cass., 10 juin 1824, 10 mars 1829 ; Demolombe, xxi, 179, 187).

138. Il n'est pas nécessaire que les témoins soient domiciliés dans l'arrondissement communal du lieu où le testament est reçu (Cass., 10 mai 1825, 4 janvier 1826, 3 août 1841). L'article 980 du Code civil déroge à l'article 9 de la loi du 25 ventôse an XI.

139. Ne peuvent être pris pour témoins :

1° Les clercs, employés ou domestiques des notaires par lesquels le testament est reçu (C. civ., 975; Cass., 25 janvier 1858 ; Demolombe, xxi, 209, 213).

2° Les légataires, à quelque titre qu'ils soient, ni leurs parents ou alliés, jusqu'au quatrième degré inclusivement (C. civ., 975). Quoique l'article 975 n'interdise pas aux parents et alliés du testateur et des notaires d'être témoins, il est préférable de se conformer à l'article 10 de la loi de ventôse an XI.

140. Un partage testamentaire pourrait contenir des

dispositions particulières ; il est bon de rappeler que les maires, les ecclésiastiques, administrateurs, ne sont pas privés de la capacité d'être témoins dans les testaments contenant des legs au profit des communes, églises, hospices, qu'ils sont chargés d'administrer (Cass., 11 septembre 1809 ; Demolombe, XXI, 202 ; Troplong, 1600).

141. Le testament public doit être signé par le testateur. S'il déclare qu'il ne sait ou ne peut signer, il sera fait dans l'acte mention expresse de sa déclaration, ainsi que de la cause qui l'empêche de signer (C. civ., 973).

Si le testateur sachant et pouvant signer déclare qu'il ne le sait pas, le testament est nul (Lyon, 16 août 1861).

Quand le testateur, croyant pouvoir signer, ne parvient à tracer que des caractères informes, illisibles, le vœu de la loi est rempli (Cass., 19 juillet 1842).

La signature serait suffisante alors même que l'orthographe présenterait des incorrections (Cass., 10 mars 1829, 31 décembre 1850).

142. Le testament doit aussi être signé par les témoins ; néanmoins, dans les campagnes, il suffit qu'un des deux témoins signe, si le testament est reçu par deux notaires, ou que deux des quatre témoins signent, s'il est reçu par un notaire (C. civ., 974).

C'est aux tribunaux qu'il appartient de décider souverainement, en fait, si l'endroit où le testament a été reçu est ou non une campagne, pouvant rendre applicable la disposition de l'article 974. Les notaires feront bien de ne pas s'exposer aux difficultés que soulève l'application de cette disposition, en exigeant que tous les témoins sachent signer (Cass., 10 mars 1829 ; Grenoble, 7 juillet 1838, Angers, 17 juin 1841).

143. La signature du notaire clôt le testament et lui donne la perfection ; cette signature, dont le Code civil ne parle pas, reste soumise aux dispositions de la loi du 25 ventôse an XI (art. 14), elle est apposée en présence du testateur et des témoins.

144. Il est nécessaire de mentionner dans le testament qu'il est signé par le testateur et les témoins, comme le prescrit l'article 14 de la loi de ventôse (Metz, 1er avril 1819).

145. On doit aussi énoncer le lieu où le testament a été passé et sa date (l. 25 ventôse an XI, art. 12).

146. Les nom, prénoms, qualités et demeure du testateur doivent être indiqués, le nom et le lieu de résidence du notaire qui le reçoit, ainsi que les noms et la demeure des témoins instrumentaires (l. 25 ventôse an XI, art. 12, 13).

147. Le testament est dicté par le testateur au notaire en présence des témoins (C. civ., art. 972).

L'absence d'un seul témoin pendant la dictée est une cause de nullité pour tout le testament (Bordeaux, 8 mai 1860).

Ce n'est pas seulement par des monosyllabes, ni par des phrases quelconques d'approbation, que le testateur doit s'exprimer; il faut que la disposition passe par sa bouche (Bordeaux, 9 mars 1859).

Toutefois, le notaire n'a pas à reproduire *in extenso* le discours trop prolixe du testateur; il suffit qu'il formule complètement et exactement ses volontés exprimées d'une façon inintelligible (Cass., 20 juillet 1843; Angers, 8 mars 1855).

148. Quand le notaire n'a pas bien compris les explications du testateur, il lui est loisible de provoquer des éclaircissements, par exemple, sur l'identité et la désignation des légataires ou des objets légués (Cass., 23 juin 1843, 1er juin 1845, 19 mars 1861, 13 janvier 1866).

149. Le testateur peut préparer ses dispositions à l'avance et dicter sur ses notes; cette pratique est même souvent nécessaire dans les partages d'ascendants qui demandent de longs détails de désignation et de lotissements (Cass., 14 juin 1837).

Mais le testament serait nul si le notaire se contentait de le copier sur des notes à lui remises par le testateur, car alors il n'y aurait pas de dictée (Cass., 23 septembre 1857; Poitiers, 30 juin 1836; Demolombe, XXI, 248).

150. Il faut nécessairement que le testament soit écrit par l'un des notaires ou par le notaire s'il n'y en a qu'un, en présence du testateur et des témoins (C. civ., 972, Cass., 20 janvier 1840, 19 mars 1861).

Cependant il a été jugé que le préambule pouvait sans inconvénient être préparé d'avance et en dehors du testateur et des témoins (Cass., 14 juin 1837, 4 mars 1840).

151. Pendant que le notaire écrit, ni le testateur, ni les témoins ne peuvent s'absenter; si un témoin sort, l'écriture doit être suspendue à peine de nullité.

152. En cas de maladie du testateur, le notaire ne pourrait se retirer dans une pièce voisine pour écrire (Cass., 12 août 1834, 20 janvier 1840).

153. Il est donné lecture du testament, au testateur, en présence des témoins (C. civ. 972)

154. Le texte ne disant pas par qui la lecture doit être donnée, on a enseigné qu'il n'est pas nécessaire que se soit le notaire lui-même qui lise (Bordeaux, 5 juillet 1355; Roll. de Vill., *Test.* 309; Aubry et Rau, § 670).

155. Mais la pratique n'a jamais suivi ce système, le testament devant être lu au testateur en présence des témoins, il est évident que cette lecture ne peut être donnée que par le notaire (Montpellier, 1er décembre 1852; Demolombe, XXI, 269).

156. L'article 972 du Code civil exige qu'il soit fait mention expresse : de la dictée par le testateur, de l'écriture par le notaire et de la lecture au testateur en présence des témoins.

Les juges sont très-difficiles sur la mention de l'accomplissement des formalités légales; il faut se servir des termes de la loi, et ne rien oublier : un seul mot omis pourrait invalider le testament.

III. – Testament mystique.

157. Le testament mystique vient du droit romain. En France, il fut admis dans les pays de droit écrit, mais il n'était pas observé dans les provinces coutumières (l. 21, Cod., *De testamentis;* Furgole, *Test.,* ch. II, sect. 3).

L'ordonnance de 1735 le conserva, et il a été adopté par le Code civil, avec de légers changements.

158. Ce testament, comme son nom l'indique, a le grand avantage d'être secret et de ne mettre ni le notaire, ni les témoins dans la confidence du testateur.

« Tout homme ayant du bien, sous l'espoir duquel il est entretenu, caressé, servi, suivi, obéi, aimé et honoré de son vivant, doit tenir secret, suspens et douteux envers tous, lequel de ses parents et amis sera son héritier..., afin qu'il ne perde et irrite le reste. Par ainsi lui est donnée forme de testament par où, autre que lui, ne pourra savoir quel doit être et sera son héritier... (Papon, *notaire*, liv. VII). »

159. Le testament mystique est peu usité; certains notaires n'en ont jamais fait; cela tient à ce qu'on le trouve compliqué, quoique, en général, il donne moins de prise aux actions en responsabilité que le testament public.

Cette forme est beaucoup plus commode que celle authentique pour le partage d'ascendants, qui demande plusieurs séances pour être amené à sa perfection, tandis que le testament mystique n'exige qu'une courte séance.

Nous ne saurions trop engager les notaires à user des facilités qu'ils trouveront dans l'emploi de cette forme testamentaire.

Il y a deux parties distinctes dans le testament mystique :

1° L'acte contenant les volontés ;

2° L'acte de suscription.

Ce qui demande la division des observations en deux articles.

1ent *Testament proprement dit.*

160. Lorsque le testateur voudra faire un testament mystique ou secret, il sera tenu de signer ses dispositions, soit qu'il les ait écrites lui-même, soit qu'il les ait fait écrire par un autre (C. civ., 976).

Cependant toute personne sachant lire peut faire un testament mystique; si elle ne sait ou ne peut signer, l'absence de signature se couvre par l'adjonction d'un témoin à l'acte de suscription (C. civ., 977, 978) V. n° 172).

161. Le testament serait inattaquable, quand même il aurait été écrit par le notaire qui reçoit l'acte de suscription (Cass., 22 juin 1852; Demolombe, XXI, 333; Aubry et Rau, § 671).

Ou par un légataire (Nîmes, 21 février 1821; Bordeaux, 6 avril 1854).

162. Si le testateur, en présentant son testament, déclare qu'il est écrit en entier de sa main et qu'on s'aperçoive, à l'ouverture, que l'écriture n'est pas la sienne, cette circonstance pourrait faire présumer que le testateur s'est trompé en scellant son testament; l'erreur dans la déclaration serait décidée souverainement par les juges du fait (Cass., 11 mai 1821; Demolombe, XXI, 335).

163. Il n'est pas indispensable que le testament mystique soit daté : sa véritable date est celle de l'acte de suscription (Cass., 11 mars 1809; Colmar, 20 janvier 1824; Demolombe, XXI, 339).

164. Le papier contenant les dispositions ou le papier servant d'enveloppe, s'il y en a une, sera clos et scellé (C. civ., 976).

165. La clôture doit être faite de telle sorte qu'il soit impossible d'ouvrir l'enveloppe et de retirer l'écrit qu'elle renferme, sans briser ou détériorer les cachets (Angers, 19 fév. 1824).

166. Le testament est fermé avec de la cire portant

l'empreinte visible d'un sceau ou d'un cachet (Cass., 7 août 1810); la fermeture avec des pains ou de la cire à cacheter sans empreinte de sceau ou de cachet serait insuffisante. Il y a cependant des décisions contraires (V. Cass., 2 août 1856, 27 mars 1865).

167. Le testateur peut se servir de son cachet ou de celui d'un tiers (Cass., 8 fév. 1820; Colmar, 20 janv. 1824).

168. Lors même que l'acte de suscription est écrit sur la même feuille que le testament, la formalité de la clôture et du sceau est indispensable (C. civ., 976; Bordeaux, 21 mars 1822; Demolombe, XXI, 352; Aubry et Rau, § 671).

2ent *Suscription.*

169. Le testateur présente au notaire et aux témoins l'acte renfermant ses dispositions, clos et scellé; ou le fait clore et sceller en leur présence, et il déclare que le papier qu'il leur présente contient un testament écrit et signé de lui, ou écrit par un autre et signé de lui (C. civ., 976).

170. Le testateur qui ne peut pas parler écrit sur l'enveloppe, en présence des témoins, que le papier qu'il présente est son testament (C. civ., 979).

171. La loi exige la présence de six témoins pour l'acte de suscription (C. civ., 976).

172. Si le testateur n'a pu signer son testament, il est appelé un témoin en plus (C. civ., 977), et il est fait mention de la cause qui nécessite sa présence, à peine de nullité (C. civ., 1001).

173. Un second notaire présent à l'acte de suscription n'est qu'un témoin ordinaire (Demolombe, XXI, 363).

174. La capacité des témoins de l'acte de suscription est réglée par l'article 980 du Code civil, comme pour le testament public (V. nos 137 à 140).

Ces témoins ne peuvent être pris parmi les parents,

alliés ou serviteurs, soit du testateur, soit du notaire (Aubry et Rau, § 671).

Mais ils pourraient être parents, alliés ou serviteurs des légataires, puisque ceux-ci ne sont pas connus.

175. Tous les témoins de l'acte de suscription doivent signer; l'exception de l'article 974 du Code civil n'est pas applicable (Demolombe, XXI, 386; Troplong, 1632).

176. Le notaire dresse personnellement l'acte de suscription sur la feuille contenant les dispositions du testateur ou sur l'enveloppe; cet acte constate la présentation de la pièce et la déclaration du testateur que le papier présenté est son testament.

L'acte de suscription est signé tant par le testateur que par le notaire et les témoins (Pau, 19 déc. 1829).

177. Toutes ces formalités doivent être remplies de suite et sans divertir à d'autres actes (C. civil, 976).

178. En cas que le testateur, par un empêchement survenu depuis la signature du testament, ne puisse signer l'acte de suscription, il sera fait mention de la déclaration qu'il aura faite, sans qu'il soit besoin d'augmenter le nombre des témoins (C. civ., 973; Cass., 3 janv. 1838).

179. Du reste, pour les actes de suscription, on doit observer les formalités prescrites par la loi du 25 ventôse an XI pour les actes notariés en général (Demolombe, XXI, 356; Demante, IV, 121 *bis*).

IV. — Formalités relatives à l'exécution des testaments olographes ou mystiques.

180. L'ouverture des testaments par acte public n'est soumise à aucune formalité; ces testaments sont exécutoires par eux mêmes, indépendamment de toute formalité judiciaire.

181. Il en est autrement des testaments olographes ou mystiques.

Les testaments de cette espèce, avant d'être mis à

exécution, doivent être présentés au président du Tribunal civil de première instance du lieu de l'ouverture de la succession (C. civ., 1007).

Le président peut exiger la représentation de l'acte de décès, mais il ne le fait pas quand le testament est présenté par un notaire, un juge de paix ou un avoué (De Belleyme, *Ord.*, p. 220).

182. Lorsque le testateur décède hors de son domicile, et que le testament est trouvé sur lui ou dans ses papiers, la présentation peut en être faite au président du Tribunal civil du lieu du décès (Cass., 22 fév. 1847 ; Douai, 12 nov. 1852 ; Toulouse, 16 janv. 1829).

Le président ouvre le testament s'il est cacheté, et dresse procès-verbal de l'ouverture et de l'état du testament dont il ordonne le dépôt entre les mains du notaire par lui commis.

183. Lorsqu'il s'agit d'un testament mystique, l'ouverture n'en doit être faite qu'en présence du notaire et de ceux des témoins signataires de l'acte de suscription qui se trouvent sur les lieux, ou eux dûment appelés (C. civ., 1007).

Une sommation par huissier est nécessaire pour appeler les parties à l'ouverture du testament mystique.

Toutefois, dans les localités où il n'y a pas d'huissier, on peut faire un acte de dispense de sommer, si le président du Tribunal accepte cette façon de procéder, qui est plus économique.

184. Si le testament est présenté par un notaire, remise immédiate lui en est faite avec commission de le déposer au rang de ses minutes.

Le notaire commis mentionne sur le testament le dépôt en son étude et le porte sur son répertoire à la date de l'ordonnance, sans dresser d'acte (Déc. min. just., 9 sept. 1812 ; Seine, 1er déc. 1841, 26 mai 1853).

185. Si, au contraire, la présentation du testament est faite par un juge de paix (C. pr., 916, 920) ou par un tiers,

le testament est remis au greffier du Tribunal, chargé d'en faire le dépôt au mains du notaire commis ; dans ce cas, le notaire doit dresser un acte particulier de dépôt (Dic. not. *Dépôt*, 2).

ARTICLE TROISIÈME.

ACCEPTATIONS DES PARTAGES D'ASCENDANTS.

I. — Partage entre vifs.

186. Le partage d'ascendants entre vifs n'engage les parties et ne produit d'effet que du jour où il a été accepté, en termes exprès, par tous les donataires (C. civ., 932; Cass., 21 novembre 1833, 27 mars 1839; Agen, 28 novembre 1855).

Il est à peine besoin de mentionner que si l'une des acceptations venait à défaillir, la disposition tout entière resterait sans effet.

187. La forme de l'acceptation n'a rien de spécial lorsqu'elle est faite dans l'acte même de donation (C. civ., 931).

Mais l'acceptation peut avoir lieu par acte réparé; elle est alors soumise à la nécessité d'un acte authentique, en présence réelle du second notaire ou de deux témoins, au moment de la lecture et de la signature (l. 21 juillet 1843).

Cette acceptation doit être faite du vivant de l'ascendant donateur (C. civ., 932).

Dans le cas d'acceptation par acte réparé, elle n'a d'effet que du jour de sa notification au donateur (C. civ., 932).

188. Un acte authentique constatant que le donateur a eu connaissance de l'acceptation peut remplacer la notification (Caen, 8 juillet 1828; Bordeaux, 22 mai 1861).

La notification de l'acte d'acceptation ne pourrait être

faite utilement, ni après rétractation par le donateur de sa disposition, ni après l'époque où il aurait perdu la capacité de donner (Cass., 16 novembre 1861; Troplong, III, 1102; Demolombe, XX, 149 à 151).

189. L'acceptation a lieu par les donataires majeurs et capables, ou par leurs fondés de procurations portant pouvoir d'accepter la donation faite, ou un pouvoir général d'accepter toutes donations faites et à faire (C. civ., 933).

190. La procuration doit être passée en minute devant notaire, avec les mêmes solennités que la donation elle-même, et une expédition reste annexée à la minute de la donation, ou de l'acceptation, lorsqu'elle est faite par acte séparé (C. civ., 933; Demolombe, XX, 160; Comp. l. 21 juin 1843).

Il en est de même de l'autorisation donnée par le mari à la femme pour accepter la donation, parce que, en général, le mandat donné de faire un acte pour lequel la loi exige certaines solennités doit être également revêtu de ces solennités (Comp. Caen, 22 juin 1824; Cass., 21 juillet 1830, 19 avril 1843; 1er déc. 1846; Paris, 5 juillet 1877, 7 août 1880; Cass., 15 nov. 1880).

La doctrine contraire s'appuie sur l'article 217, qui exige seulement une autorisation *écrite*, sans prescrire aucune forme spéciale (Demolombe, IV, 194; Aubry et Rau, § 472, 4°; Duranton, II, 446).

191. L'acceptation par un porte-fort serait complètement sans effet (Bordeaux, 5 février 1827; Duranton, VIII, 425).

192. Le sourd-muet majeur, sachant écrire, peut accepter lui-même ou par un fondé de pouvoir; s'il ne sait pas écrire, l'acceptation est faite par un curateur nommé à cet effet (C. civ., 936).

193. La femme mariée ne peut accepter sans le consentement de son mari ou, en cas de refus, sans autorisation de la justice (C. civ., 934).

194. Une femme dotale peut concourir comme donataire à un partage d'ascendant (Aix, 1er juin 1861).

195. Quant au mineur émancipé, il peut accepter avec l'assistance de son curateur (C. civ., 935), sans autorisation du conseil de famille, à moins que la donation n'ait lieu avec charges, ce qui arrive presque toujours dans le partage d'ascendant; dans ce cas, le conseil de famille doit autoriser l'acceptation pour qu'elle soit valable (Demolombe, xx, 175).

196. L'individu pourvu d'un conseil judiciaire peut faire seul l'acceptation d'une donation purement gratuite, n'entraînant aucune aliénation ou obligation personnelle; mais si elle l'oblige à des charges, il doit être assisté de son conseil (Demolombe, xx, 175 *bis*; Coin-Delisle, art. 935, 4°).

197. Si le donataire est tout à fait incapable — mineur non émancipé ou interdit — l'acceptation a lieu par son tuteur, autorisé spécialement du conseil de famille (C. civ., 935, 463, 509).

198. Cependant les père et mère du mineur non émancipé, ainsi que les autres ascendants, même du vivant des père et mère, peuvent accepter, au nom du mineur, les donations faites à son profit, quoiqu'ils ne soient ni tuteurs, ni administrateurs de ses biens, et sans avoir besoin d'autorisation d'un conseil de famille (C. civ., 935; Cass., 25 juin 1872; Nîmes, 10 avril 1847).

199. Dans les partages d'ascendants faits simultanément par le père et la mère, l'acceptation, au nom du donataire mineur, est valablement faite par le père, en ce qui concerne les biens donnés par la mère et par celle-ci pour les biens donnés par le père (Paris, 23 juin 1849; Bourges, 14 août 1855; Poitiers, 20 février 1861; Metz, 18 juin 1863).

200. Mais l'acceptation ne serait pas valablement faite par l'ascendant ayant dans la donation-partage des intérêts opposés à ceux du mineur, si, par exemple, une disposition excédant la quotité disponible résultait de

l'acte au profit de l'ascendant acceptant pour le mineur (Lyon, 24 juin 1868 ; Aubry et Rau, § 652). V. n° 261.

201. Le seul fait par le mari d'autoriser sa femme donatrice n'est pas considéré comme constituant un intérêt contraire (Caen, 3 mai 1855 ; Lyon, 23 mars 1877).

201 *bis*. Lorsque la donation-partage a lieu sous des conditions onéreuses, susceptibles d'obliger le mineur personnellement par aliénation ou hypothèque de ses biens, les ascendants ont besoin, pour accepter, d'être autorisés par une délibération de famille, homologuée par le tribunal (Cass., 25 mars 1861 ; Demolombe, xx, 185).

L'autorisation homologuée nous paraîtrait nécessaire dans le cas où l'ascendant imposerait, comme condition à sa donation, l'obligation pour les donataires de lui laisser l'usufruit des biens de son conjoint prédécédé.

202. Les père et mère de l'enfant naturel mineur ont le droit d'accepter la donation faite à ce dernier, comme ceux du mineur légitime (Cass., 25 juin 1812; Demolombe, xx, 193).

203. L'acceptation irrégulière est frappée d'une nullité absolue, c'est-à-dire que la nullité peut-être invoquée par le donateur ou par toute autre personne (Cass., 14 juillet 1856 ; Caen, 8 mai 1854 ; Aix, 19 novembre 1857 ; Aubry et Rau, § 652).

D'après un arrêt du 23 mars 1852, rendu par la Cour de Lyon, la nullité de l'acceptation est purement relative et ne peut être invoquée contre l'incapable (V. Demolombe, xx, 219) ; mais la première opinion nous paraît plus sûre, en présence du texte de l'article 938 du Code civil.

204. Comme il peut toujours exister des irrégularités dans le partage entre vifs, il est prudent de le faire confirmer par les enfants, après la mort de l'ascendant, soit par un acte spécial, soit dans l'acte contenant partage des biens meubles et immeubles laissés en dehors de la donation.

II. – Partage testamentaire.

205. A l'égard du partage testamentaire, l'acceptation a lieu après le décès de l'ascendant par un simple acte constatant que les enfants ont pris connaissance des dispositions de leur auteur et les trouvent bien établies.

Cette déclaration est nécessaire, que le testament soit publié, olographe ou mystique.

206. Il est une circonstance dans laquelle l'acceptation est indispensable, et doit émaner de toutes personnes majeures, c'est lorsque l'ascendant a compris dans son partage des biens dépendant de la succession de son conjoint prédécédé ou de la communauté ayant existé entr'eux.

TITRE DEUXIÈME.

BIENS COMPRIS DANS LE PARTAGE.

207. L'ascendant est libre de partager entre vifs ou par testament, soit la totalité, soit une partie seulement de ses biens ; la preuve en résulte de l'article 1077 du Code civil, disposant que les biens non compris dans le partage *seront partagés conformément à la loi.*

§ 1er.

PARTAGE ENTRE VIFS.

208. Le partage entre vifs ne peut avoir pour objet que les biens présents de l'ascendant ; si des biens à venir s'y trouvent compris, l'acte est nul tout entier (C. civ., 1076 ; Bonnet, 225 ; Demolombe, XXIII, 67 ; Genty, p. 132).

Suivant l'article 943, la donation entre vifs, comprenant des biens à venir, n'est nulle qu'à l'égard de ces biens, elle reste valable pour les biens présents. Une opinion enseigne que l'article 1076 n'ajoute rien à l'article 943 ; qu'en conséquence, le partage entre vifs doit être maintenu si l'objet à venir n'est pas d'une valeur assez considérable pour détruire l'économie de l'acte, sauf la garantie qui serait due au copartagé dans le lot duquel cet objet aurait été placé ; que le partage devrait surtout être maintenu si les biens à venir étaient de fait entrés ultérieurement dans le patrimoine de l'ascendant et se trouvaient dans sa succession (Aubry et Rau, § 731, note 14 ; Requier, 125 ; Lyon-Caen, 84 ; Bertauld, II, 162, 163).

Cette distinction est ingénieuse, mais il nous paraît permis de douter que l'article 1076 s'y prête : le partage d'ascendant forme un tout indivisible, en retrancher les biens à venir qui y sont compris, c'est rompre les proportions établies par le disposant, et rendre l'exécution du partage impossible.

Si cependant l'ascendant était devenu propriétaire de l'objet à venir, cette considération de fait nous paraîtrait devoir conduire au maintien du partage.

209. On entend par biens présents ceux qui sont la propriété de l'ascendant, soit qu'il les possède effectivement, soit que, ne les possédant pas encore, il ait sur eux un droit, en vertu d'un titre existant au moment de la donation-partage.

210. Il y a donation de biens présents quand le droit conféré par le donateur est irrévocable, qu'il soit pur et simple, à terme ou conditionnel.

Ainsi, la donation d'une somme payable à terme ou au décès du donateur est valable, encore bien que le donateur ne fournisse aucune garantie (Cass., 26 décembre 1859, 18 novembre 1861, 28 février 1865).

En droit fiscal, la donation d'une somme payable à terme par l'ascendant pourrait ne pas jouir du bénéfice du droit réduit accordé au partage d'ascendant, si elle était importante relativement à l'ensemble des biens donnés (V. n° 520).

211. Un ascendant peut comprendre dans son partage la part indivise lui appartenant dans un bien quelconque, ou dans une universalité de biens.

212. Deux époux peuvent faire cumulativement entre leurs enfants le partage de leur biens propres et des biens communs, réunis en une seule masse.

Le mari ne pourrait pas disposer seul, à titre gratuit, de tous les biens de la communauté. La femme le pourrait encore moins ; mais le mari et la femme ensemble ont le droit de faire ce que bon leur semble des biens communs ; ils en ont la libre disposition (Cass., 5 février 1850, 29 avril 1851, 31 juillet 1867, 23 juin 1869; Aubry et Rau, § 509; Colmet de Santerre, IV, 244).

Cependant l'article 1422 accorde au mari la faculté de disposer entre vifs des biens meubles et immeubles de la communauté, pour l'établissement des enfants communs ; son droit, à cet égard, n'est soumis à aucune restriction (Cass., 2 janvier 1844).

Le terme établissement n'est pas restreint au seul établissement par mariage ; il s'entend de toute position pouvant mettre les enfants à même de se suffire à eux-mêmes. En cas de désaccord entre le mari et la femme, il serait donc possible au mari de faire seul, dans les cas d'établissement de tous les enfants, un partage entre vifs des biens de communauté (Bordeaux, 8 août 1850; Rouen, 20 fév. 1857 ; Rodière et Pont, 883).

213. Le partage conjonctif des biens de communauté ne présentera pas de difficulté, lorsque les époux n'auront que des enfants communs.

Mais si l'un des époux, ou tous les deux, ont des enfants de précédents mariages, pourront-ils aussi partager la communauté existante, entre les enfants des différents lits ?

Une opinion décide qu'ils le peuvent, à la condition de répartir les biens suivant les droits héréditaires des enfants, c'est-à-dire en apportionnant les enfants communs du chef du père et du chef de la mère, et les autres du chef seulement de leur auteur (Genty, p. 153; Demolombe, XXIII, 85 ; Bonnet, 275).

Suivant une autre opinion, les époux ne peuvent faire le partage conjonctif des biens de communauté, lorsqu'il existe des enfants d'un précédent mariage (Paris, 1er juin 1836; Requier, 136; Bertauld, II, 192).

Pour nous, le partage des biens communs est possible entre les enfants de différents lits, et il restera valable à la condition que la femme ou ses héritiers accepteront la communauté. En fait, la communauté sera acceptée ou répudiée suivant sa qualité bonne ou mauvaise, ce qu'il est facile d'apprécier au moment du partage.

Au surplus, il est bien entendu que les propres des ascendants ne devraient pas être, dans ce cas, confondus en une seule et même masse (Aubry et Rau, § 731).

214. Le partage entre vifs, fait par l'époux survivant, est nécessairement précédé d'une liquidation de la communauté.

215. S'il y a des meubles et des immeubles dans l'indivision, il sera facile d'attribuer tous les meubles à l'ascendant survivant. On fera de cette façon une certaine économie sur le droit proportionnel de transcription.

216. L'ascendant peut comprendre dans un partage entre vifs les biens donnés en avancement d'hoirie, s'il les place dans le lot de celui auquel ils n'avaient été attribués qu'à charge de rapport.

Pour les placer dans un autre lot, il faudrait le consentement du donataire majeur.

Toutefois, le rapport volontaire ne pourrait préjudicier aux droits que des tiers auraient acquis avant le partage (C. civ., 865).

217. L'époux survivant peut faire entrer dans son partage entre vifs les biens personnels de son conjoint prédécédé et la part de celui-ci dans la communauté encore indivise. L'acceptation d'un pareil partage par les enfants, tous majeurs, le rend inattaquable; mais le descendant incapable ne pourrait donner un consentement valable à un tel acte qui se trouverait entaché de nullité jusqu'à sa ratification (Montpellier, 6 mars 1871).

218. L'ascendant qui a fait une institution contractuelle pour une part aliquote de sa fortune, ou une promesse d'égalité à l'un de ses enfants, conserve la liberté de comprendre dans un partage entre vifs ou testamentaire les biens sur lesquels l'institué a un droit, pourvu qu'il ne porte pas atteinte à la clause contractuelle (Cass., 26 mars 1845, 7 avril 1873, 31 fév. 1878).

219. Si l'institution portait sur un objet déterminé, au profit d'un tiers, il est certain que l'ascendant n'aurait plus la possibilité de le comprendre dans son partage.

Quand l'ascendant a fait, par contrat de mariage au profit d'un tiers, donation d'une quote-part des biens qu'il laissera à son décès, il conserve la faculté de faire le partage de ses biens, mais seulement avec le concours du donataire, dont le titre se trouve converti en une donation de biens présents, à l'égard de ceux partagés (Cass., 28 juillet 1821, 26 avril 1847 ; Genty, p. 133 ; Demolombe, XXIII, 78).

220. La donation qu'un époux a faite à son conjoint, par contrat de mariage, d'une somme à prendre sur sa succession, constitue une institution contractuelle qui rend le partage d'ascendant fait par le donateur non opposable au donataire (Reims, 3 juillet 1874).

Dans aucun cas, le partage d'ascendant ne peut anéantir ou réduire les droits de succession conférés à l'institué contractuel (C. civ., 1083).

§ 2.

PARTAGE TESTAMENTAIRE.

221. A la différence du partage entre vifs qui ne doit comprendre que les biens présents, le partage testamentaire peut avoir pour objet les biens à venir comme les biens présents (C. civ., 1076).

222. Rien ne s'oppose à ce que l'ascendant comprenne dans son partage tentamentaire les biens qu'il aurait donnés en avancement de succession à l'un des enfants ; mais il doit les placer dans le lot du donataire lui-même, pour éviter les effets d'une renonciation à succession de la part de l'enfant donataire qui se trouverait ainsi dispensé de rapporter les objets donnés (C. civ., 845 ; Cass., 9 juillet 1840, 10 novembre 1880).

223. Un ascendant, en faisant le partage testamentaire de ses biens entre ses enfants, ne peut y comprendre ceux de son conjoint prédécédé (Bordeaux, 2 mai 1844; Besançon, 16 janvier 1846; Caen, 15 juin 1863).

La nullité du partage fait dans ces conditions serait couverte par l'acceptation des enfants tous majeurs, et ayant la libre disposition de leurs droits (Montpellier, 6 mars 1871; Bonnet, 250).

224. Les père et mère ont la faculté de faire conjointement le partage entre vifs des biens de leur communauté (Supra, 212); peuvent-ils aussi arriver à faire le partage testamentaire des biens de cette communauté ?

Les dispositions des articles 1395, 1423, 1441, 1453 et 1467, paraissent s'y opposer formellement.

Cependant divers systèmes ont été proposés comme permettant d'arriver à ce partage.

1° Les père et mère font par un acte la division entr'eux des biens de la communauté. Ensuite chacun fait le partage testamentaire tant de ses biens propres que de ceux entrés dans son lot de communauté, et, après le décès du prémourant, le survivant ratifie la division des biens de la communauté; ce qui aurait pour effet de la valider et de rendre le partage testamentaire inattaquable (Douai, 10 février 1828, 3 août 1846; Duranton, IX, 624; Rolland de Vill., *Partage d'asc.*, 60).

Mais la femme ne pouvant, tant que dure la communauté, faire un acte susceptible d'entraîner son acceptation ou sa répudiation, et la division entre les époux n'étant d'ailleurs permise par aucun texte, n'est valable ni comme partage définitif ni comme partage provisionnel, et dès lors la ratification par le conjoint survivant n'est pas opposable aux enfants, tant qu'ils n'ont pas eux-mêmes ratifié le partage (Cass., 13 novembre 1849; Bordeaux, 8 décembre 1831, 26 février 1863; Orléans, 5 juin 1862; Caen, 15 juin 1863; Defrénois et Vavasseur, 2953).

2° Le père, par un acte testamentaire, opère la division

entre sa femme et lui des biens de la communauté, par l'attribution d'un lot à chacun, et il réunit son lot à ses biens personnels pour faire le partage testamentaire du tout entre ses enfants. Après le décès du mari, la femme ratifie et accepte son lot, ce qui rendrait les dispositions du mari définitives et valables (Amiens, 9 décembre 1847; Bourges, 15 février 1860).

Un tel partage a été déclaré nul *ab initio* et la ratification de tous les intéressés, nécessaire pour lui faire produire effet (Bordeaux, 8 août 1850; Rouen, 20 février 1857; Cass., 23 décembre 1861; Aubry et Rau, § 731; Demolombe, XXIII, 83).

3° Le père fait seul, entre les enfants, le partage testamentaire des biens de la communauté.

L'efficacité de ce partage serait subordonnée à la renonciation de la femme à la communauté (C. civ., 1466, 1492).

4° Les ascendants font dresser un acte notarié où tous deux, annonçant l'intention qu'ils ont de faire le partage de leurs biens, établissent la masse de leur fortune en y comprenant les comptes que les enfants peuvent avoir envers eux. Ils composent les lots et terminent en déclarant qu'ils se réservent de faire, quand et comme bon leur semblera, l'attribution de ces lots à leurs enfants par donation ou par testament (Michaux, *Test.,* 1656).

Ce procédé est aussi impugnable que les deux premiers, puisque l'acte renferme un partage de la communauté avant sa dissolution; on ne peut conseiller que l'abstention.

5° Chacun des père et mère, dans son partage testamentaire, attribue à l'enfant A sa part indivise dans tel bien, et même la totalité si elle lui revient; à l'enfant B, sa part dans tel autre bien, et ainsi de suite.

La validité des partages ainsi faits dépendrait de l'accord des parties au décès du premier mourant des ascendants, mais si le survivant convertissait son partage testamentaire en un partage entre vifs, accepté de tous les enfants, on pourrait éviter de recourir au partage judiciaire s'il se trouvait des mineurs (Cass., 24 mars 1861 ; Dalloz, *Contr. de mar.*, 1193).

En résumé, le partage testamentaire des biens de la communauté ne peut être fait régulièrement ; cela est très-regrettable, car les père et mère seront forcés de procéder par donation entre vifs, c'est-à-dire en se dépouillant dès actuellement tous deux.

La seule circonstance dans laquelle le notaire pourrait prêter son ministère pour un partage testamentaire des biens de communauté, serait celle du partage fait par le mari à son lit de mort, lorsqu'il y aura promesse formelle par la femme de renoncer à la communauté, et encore faudra-t-il se trouver en présence d'une famille très-unie et dont la parfaite honorabilité ne laisserait aucune crainte, pour l'exécution de l'engagement moral de la mère.

§ 3.

RÉPARTITION DES BIENS.

225. Les règles à observer par l'ascendant, pour la répartition de ses biens, sont les points sur lesquels la jurisprudence a eu le plus fréquemment à statuer.

Dans le partage d'une succession, si tous les héritiers sont présents et majeurs, ils peuvent procéder dans les formes et par tel acte qu'ils jugent convenable (C. civ., 819). De sorte que les héritiers sont libres de faire entrer les immeubles dans un lot et les meubles dans un autre ; de tirer les lots au sort ou de se les attribuer à l'amiable, comme aussi de procéder sous forme de vente, cession, licitation et transaction.

Si le partage intéresse des incapables, le législateur, dans sa sollicitude, prescrit un cortége de garanties, dans le but d'assurer la plus stricte égalité entre les copartageants, ainsi :

« Chacun des cohéritiers peut demander sa part en nature des meubles et des immeubles » (C. civ., 826).

« Dans la formation et la composition des lots, on doit éviter, *autant que possible,* de morceler les héritages et de diviser les exploitations ; et il convient de faire entrer dans chaque lot, *s'il se peut,* la même quantité de meubles, d'immeubles, de droits ou de créances de même nature et valeur » (C. civ., 832).

Ces dernières dispositions sont-elles applicables au partage d'ascendants ?

L'ascendant doit-il composer les lots de manière à ce que chacun d'eux comprenne la même quantité d'immeubles et de meubles de même nature ?

Ou, au contraire, est-il le maître absolu, le *dominus* de son patrimoine, et peut-il composer les lots à sa convenance, en donnant aux uns des immeubles et aux autres de l'argent et des meubles ?

Il y a trois opinions en présence :

La première enseigne que la loi, en conférant aux ascendants le pouvoir de faire entre leurs enfants la distribution et le partage de leurs biens, les a revêtus d'une sorte de magistrature domestique et s'est confiée à leur souveraine appréciation, pour faire la meilleure et la plus intelligente répartition de leurs biens (Nîmes, 11 février 1823, 20 novembre 1854 ; Grenoble, 25 novembre 1824 ; Montpellier, 27 février 1850 ; Riom, 10 mai 1851 ; Agen, 12 décembre 1866 ; Requier, 146, 148 ; Derome, *Revue critique,* XXVII, p. 385).

La seconde distingue entre le partage par testament et le partage par donation entre vifs ; elle décide que, dans le partage testamentaire, œuvre de l'ascendant seul, chaque lot doit comprendre, autant que possible, la même quantité d'immeubles et de meubles, conformément à l'article 832 ; mais que, dans le partage par donation entre vifs, œuvre de la volonté commune de l'ascendant et des enfants, l'article 832 n'est pas applicable, les donataires étant liés par l'acceptation qu'ils ont faite eux-mêmes des lots composés (C. civ., 1114, 1134 ; Caen, 27 mai 1843 ; Nîmes, 10 avril 1847 ; Genty, p. 147 ; Bonnet, 291 ; Héan, *Revue pratique*, v, p. 166 ; Colmet de Santerre, iv, 243 *bis*, xvii ; Arntz, *Journal du Palais*, 1853, p. 19 ; Barafort, § 1, *passim* ; Lyon-Caen).

La troisième décide que le partage d'ascendants entre vifs ou testamentaire est, quant au mode de répartition des biens qui en forment l'objet, soumis, comme tout autre partage, à la règle suivant laquelle les lots doivent être composés, de manière à ce que chacun d'eux comprenne, autant que possible, la même quantité d'immeubles et de meubles de même nature, et l'acceptation par les donataires du partage entre vifs ne couvre pas le vice résultant de l'inobservation de cette règle (Cass., 16 août 1826, 11 mai 1847, 18 décembre 1848, 11 août 1856, 18 août 1859, 7 janvier 1863, 24 juin 1868, 23 mars 1869 ; Lyon, 30 août 1848, 23 mars 1877 ; Agen, 11 juin 1861, 1er juin 1864 ; Limoges, 3 décembre 1868 ; Pau, 9 juillet 1861 ; Caen, 15 décembre 1849, 13 décembre 1872 ; Rouen, 20 février 1857 ; Bordeaux, 7 juin 1853 ; Grenoble, 10 mai 1873 ; Chambéry, 23 juillet 1873 ; Troplong, 2304 ; Demolombe, xxiii, 201 ; Bertauld, ii, 220 ; Aubry et Rau, § 732).

Malgré les inconvénients que cette dernière opinion présente au point de vue pratique, on doit la tenir pour exacte jusqu'au jour où le législateur aura modifié les articles 826 et 832 (1).

226. L'ascendant est cependant dispensé d'observer la règle des articles 826 et 832, lorsque son application présente des inconvénients en raison notamment de ce que

(1) L'enquête agricole de 1866-1868 ayant révélé de nombreuses réclamations à cet égard, un projet de loi avait été présenté à l'Assemblée nationale le 17 mai 1871, mais il n'a pas abouti (*Journal officiel* du 1er juin 1871, annexe n° 240).

l'un ou l'autre des objets formant la matière du partage n'est pas commodément partageable (Cass., 24 juin 1868, 8 avril 1873, 24 décembre 1873).

Dans ce cas, l'ascendant est autorisé à composer les lots d'objets de nature diverse.

Il pourrait ainsi faire entrer les immeubles dans certains lots et les meubles dans les autres, et même attribuer à quelques-uns la totalité des objets compris au partage, en lotissant les autres au moyen de soultes ou retours en argent (Cass., 9 juin 1857, 7 août 1860, 24 décembre 1873; Chambéry, 12 février 1873; Agen, 22 mars 1865; Nîmes, 20 novembre 1864; Grenoble, 27 décembre 1851; Caen, 15 juin 1835; Demolombe, XXIII, 204; Aubry et Rau, § 732, note 2; Genty, p. 139).

227. C'est aux magistrats qu'il appartient d'apprécier, en fait, l'incommodité du partage en nature, la déclaration de l'ascendant à cet égard ne suffit pas (Cass., 2 décembre 1862, 23 mars 1869, 14 décembre 1873; Lyon, 20 janvier 1837, 23 mars 1877).

Et le juge est obligé de maintenir purement et simplement ou d'annuler le partage, sans pouvoir se borner à allouer au demandeur une indemnité en réparation du préjudice éprouvé (Cass., 10 novembre 1847, 18 janvier 1872; Bertauld, II, 234).

228. La nullité peut être proposée par tout descendant qui prétend avoir à se plaindre de la composition de son lot, sans qu'il soit tenu de justifier d'aucune lésion.

229. Ainsi, le partage dans lequel l'un des enfants a été réduit un simple usufruit se trouve affecté d'une irrégularité radicale (Rouen, 9 mars 1855; Cass., 25 février 1856; Laurent, XV, 68).

230. De même doit être annulé l'acte de donation-partage par lequel l'un des enfants cède sa part aux autres moyennant un prix payable en argent, alors qu'il n'est pas établi que les biens fussent impartageables (Agen, 4 avril 1862; Cass., 7 janvier 1863).

231. L'action en nullité, basée sur l'inégale répartition des biens, ne s'ouvre qu'à la mort de l'ascendant, alors même que le partage a eu lieu entre vifs; elle se prescrit par dix ans, pour le partage entre vifs (Cass., 14 avril 1852, 28 février 1855, 7 janvier 1863, 29 août 1864; Bordeaux, 22 février 1858, 3 mai 1865).

232. Si le partage entre vifs a été fait par les père et mère, en une seule masse de biens, la prescription ne courra qu'à partir du décès du survivant (Cass., 19 décembre 1859; Agen, 7 juin 1861).

233. En cas de partage testamentaire, la prescription de l'action en nullité dure trente ans (Cass., 27 novembre 1857; Requier, 229; Demolombe, XXIII, 215; Bertauld, II, 159).

234. Mais l'action en nullité serait éteinte par la confirmation expresse ou tacite du partage, faite après le décès de l'ascendant (Agen, 28 février 1849, 29 novembre 1852; Cass., 28 février 1855).

235. L'ascendant pourra se soustraire aux difficultés de répartition de ses biens, en se bornant à en faire une donation collective à ses enfants, qui en opèreront eux-mêmes le partage par acte séparé *sans son concours*.

S'il s'est écoulé un certain intervalle de temps entre la donation collective et le partage, les dispositions des articles 826 et 832 ne seront plus applicables, car le partage sera alors l'œuvre propre des enfants qui arrangeront les choses à leur convenance, comme ils pourraient le faire si l'ascendant n'était plus (Genty, p. 150; Demolombe, XXIII, 202; Paultre, *Revue du notariat*, 1863, p. 585, Saintespès-Lescot, V, 1856).

Dans le cas où, parmi les donataires, il se trouverait des incapables, qui ne pourraient concourir à un partage amiable, par acte séparé de la donation, l'ascendant devrait attribuer un lot distinct à l'incapable et un lot indivis aux autres donataires, pour en faire ultérieurement la division ou la licitation.

TITRE TROISIÈME.

CONDITIONS QUI PEUVENT ÊTRE STIPULÉES.

236. Il est loisible à l'ascendant d'imposer aux descendants toutes les conditions qu'il juge convenables.

237. Toutefois, les conditions contraires aux lois, à l'ordre public ou aux bonnes mœurs, sont réputées non écrites (C. civ., 900).

238. Celles dépendant uniquement de la volonté de l'ascendant entraîneraient la nullité du partage entre vifs (C. civ., 944).

§ 1er.

INTERDICTION D'ALIÉNER.

239. La clause portant interdiction d'aliéner ou hypothéquer les biens donnés est valable, lorsqu'elle a pour but de garantir l'exercice d'un droit réservé par le disposant, à son profit ou au profit d'un tiers, tel que : usufruit, rente viagère, retour (Angers, 29 juin 1842, Cass., 20 avril 1858 ; 21 juillet 1868).

240. La vente faite contrairement à cette clause pourrait être annulée (Angers, 29 juin 1842).

241. Mais la défense d'aliéner faite par des père et mère, à leurs enfants, dans un partage conjoint, cesse d'avoir effet au décès du prémourant, en ce qui concerne les

biens par lui donnés, à moins que la défense d'aliéner ne soit stipulée jusqu'au décès du survivant (Cass., 22 juillet 1872).

§ 2.

DONATION D'EXCÉDANT DE LOTS.

242. En prévision du cas où l'un ou plusieurs lots seraient d'une valeur supérieure aux autres, les ascendants peuvent faire donation ou legs, par préciput, de l'excédant à celui ou à ceux dans les lots desquels il se trouverait (Dijon, 11 mai 1844; Troplong, Poitiers, 27 février 1872, 2306 ; Bonnet, 610).

Cette clause a pour but d'éviter l'action en rescision pour cause de lésion (V. n° 389). Le descendant qui en souffre n'a que l'action en réduction, pour atteinte à la réserve (V. n° 392).

Toutefois la clause deviendrait sans effet en cas d'annulation du partage (Chambéry, 23 juillet 1873).

§ 3.

CONDITION DE NE PAS ATTAQUER LE PARTAGE.

243. La clause pénale privant l'enfant, qui attaquera le partage, de toute sa part dans la quotité disponible, est valable (Cass., 1er mars 1830; Caen, 31 janv. 1848; Bordeaux, 9 janv. 1863).

Dans le partage par lequel l'ascendant aurait attribué les immeubles à l'un des enfants et les meubles à l'autre, la clause privant de la quotité disponible celui qui attaquerait le partage, pour inobservation de la règle des articles 826 et 832, est parfaitement valable, car elle ne regarde que l'intérêt privé (Cass., 10 juillet 1849, 27 mars

1867, 2 août 1869; Amiens, 17 décembre 1846; Demolombe, XVIII, 279; Aubry et Rau, § 692).

244. Le survivant des père et mère qui réunit, dans un seul et même acte de partage testamentaire, ses biens personnels et ceux de son conjoint prédécédé, peut valablement déclarer que si le partage est attaqué par l'un de ses enfants, il lègue la quotité disponible aux autres, qui l'auront respecté (Cass., 1er mars 1831, 22 décembre 1845; Besançon, 16 janvier 1846; Poitiers, 20 février 1861; Demolombe, XVIII, 280; Laurent, II, 485; *Journal des Not.*, 22499. — *Contra*, Caen, 9 juillet 1874, 13 décembre 1880, selon lesquels la clause pénale serait nulle, quoiqu'elle ne concerne pas l'ordre public.

245. Si la clause pénale portait atteinte à la réserve légale de l'un des enfants, elle serait réputée non écrite (Cass., 30 mai 1866, 27 novembre 1867, 22 juillet 1874; Caen, 15 juin 1863).

De même, la clause obligeant les descendants à respecter des dispositions qui n'auraient pas été revêtues des solennités exigées par la loi, serait non-avenue (Troplong, I, 266; Demolombe, XVIII, 285; Bonnet, 395).

§ 4.

DISPOSITION DE QUOTITÉ DISPONIBLE.

246. Les ascendants, en faisant usage du partage autorisé par l'article 1075 du Code civil, conservent néanmoins, dans les limites de la quotité disponible, le droit d'avantager un ou plusieurs de leurs descendants, en leur donnant ou léguant certains biens en sus de leur part.

247. Quand ces avantages sont contenus dans l'acte même qui renferme le partage, leur efficacité n'est pas

subordonnée à celle du partage lui-même, lorsqu'ils ne se confondent pas avec lui et sont susceptibles d'en être séparés.

Mais ils s'évanouiraient nécessairement avec le partage, s'ils n'étaient que le résultat de la manière dont il est opéré.

248. Ainsi, la clause par laquelle l'ascendant déclare donner, par préciput, à celui des descendants qui aurait reçu un lot plus fort que les autres, la différence en plus de ce lot, suivrait le sort du partage (Chambéry, 23 juillet 1873).

249. Ces combinaisons préciputaires sont irrégulières, émanant du prémourant des ascendants, lorsque, suivant l'usage général, ils se sont donné réciproquement, par leur contrat de mariage, l'usufruit de la moitié des biens qu'ils laisseront à leur décès, ou un quart en propriété et un quart en usufruit (C. civ., 1094).

La jurisprudence décide en effet que l'époux qui, par son contrat de mariage, a donné à son conjoint l'usufruit de la moitié de ses biens, ne peut plus rien donner ni en propriété ni en usufruit à l'un de ses enfants, s'il en laisse trois ou un plus grand nombre, parce que la donation du contrat de mariage de la moitié en usufruit équivalant au quart en pleine propriété, a épuisé la quotité disponible fixée par l'article 913 du Code civil (Cass., 7 janvier 1824, 21 mars 1837, 24 juillet 1839, 22 nov. 1843, 24 août 1846, 27 déc. 1848, 7 mars 1849, 2 août 1853, 1er mai 1876).

250. En pareille circonstance, le seul moyen d'assurer l'efficacité de la disposition faite au profit de l'enfant consisterait à faire renoncer l'époux survivant à la donation résultant, à son profit, du contrat de mariage (Cass., 3 juin 1863; Agen, 12 déc. 1866; Demolombe, XXIII, 536).

251. Il est bien entendu que la renonciation ne pourrait être faite qu'après le décès du prémourant des époux; intervenant pendant le mariage, elle serait complètement

dépourvue d'effet (Aubry et Rau, § 744; Cass., 22 juillet 1846, 22 janv. 1873).

§ 5.

PAYEMENT DES DETTES.

252. Les descendants, donataires de la totalité des biens appartenant aux ascendants, ne sont pas tenus d'acquitter les dettes existant à l'époque du partage, à moins qu'une clause expresse de l'acte ne les en ait chargés ; les règles de la donation entre vifs ordinaire étant applicables au partage d'ascendant fait dans cette forme (C. civ., 945 ; Douai, 12 février 1840 ; Bordeaux, 18 janvier 1858 ; Bonnet, 463; Colmet de Santerre, IV, 243 bis, V ; Laurent, XV, 76 ; Dict. not., *Part. d'asc.*, 87).

Quelques décisions font une distinction entre les dettes ayant acquis date certaine avant le partage, et celles qui n'ont pas de date à l'égard des tiers ; ces décisions enseignent que les enfants seraient tenus des premières et non des secondes (Bourges, 11 février 1829 ; Agen, 14 novembre 1842 ; Caen, 15 janvier 1849.)

On doit donc interpeller les parties sur l'existence de dettes, et faire une stipulation spéciale à cet égard.

Il serait bon d'expliquer que les enfants donataires seront tenus d'acquitter les frais funéraires et de dernière maladie de l'ascendant, ainsi que les menues dettes qu'il pourrait contracter, à concurrence d'une somme fixe.

253. Au surplus, les créanciers antérieurs au partage entre vifs ont le droit de l'attaquer, en vertu de l'article 1167 du Code civil, s'ils sont lésés (Cass., 2 août 1836, 29 janvier 1866).

254. Après le partage testamentaire, les descendants restent tenus, comme héritiers, d'acquitter les dettes de l'ascendant (C. civ. 873).

§ 6.

RÉSERVE D'USUFRUIT.

255. Il est permis au donateur de faire réserve à son profit, ou de déposer au profit d'un tiers, de la jouissance ou usufruit des biens, meubles ou immeubles, donnés (C. civ., 949).

256. Lorsqu'une donation d'effets mobiliers a été faite avec réserve d'usufruit, le donataire est tenu, à l'expiration de l'usufruit, de prendre les effets donnés qui se trouvent en nature, dans l'état où ils sont, et il a action contre le donateur ou ses héritiers, pour raison des objets non existants, jusqu'à concurrence de la valeur qui leur a été donnée dans l'état estimatif (C. civ., 950).

Le donateur ou ses héritiers seraient affranchis de toute obligation de restitution, s'ils prouvaient que la perte des objets a eu lieu par cas fortuit ou force majeure (Troplong, 1260; Demolombe, xx, 491; Aubry et Rau, § 699).

257. En faisant le partage entre vifs de ses biens, le survivant des père et mère peut imposer aux donataires la condition de lui laisser l'usufruit des biens composant la succession de son conjoint prédécédé. Cette condition ne donne ouverture, en général, à aucun droit d'enregistrement (Cass., 19 avril 1847). V. n° 555.

258. Les époux qui font conjointement le partage de leurs biens personnels et communs, stipulent souvent pour eux et le survivant, la réserve de l'usufruit de tout ou partie des biens donnés.

Pendant longtemps la jurisprudence avait vu dans cette stipulation une condition parfaitement valable de la donation, imposée aux donataires par chacun des donateurs, et exempte de tout droit fiscal (*Comp.*, Poitiers, 20 février 1861; Nîmes, 16 décembre 1865; Douai, 13 février 1866).

Mais la jurisprudence décide maintenant que la clause de réversion de l'usufruit, au profit du survivant des ascendants donateurs, constitue une donation réciproque entre époux, nulle en vertu de l'article 1097 du Code civil (Cass., 26 juillet 1869, 19 janvier 1881 ; Dijon, 25 août 1879 ; Aubry et Rau, § 744 ; Bonnet, 276).

Une Cour d'appel est allée jusqu'à décider que la nullité de la clause de réversion devait entraîner celle du partage d'ascendant (Amiens, 10 novembre 1853). Cette exagération ne peut être admise : la réversion est réputée non écrite, conformément à l'article 900 du Code civil, et l'opération principale reste valable (Cass., 25 février 1878 ; Laurent, xv, 324).

259. Si l'usufruit réversible ne porte que sur les biens propres de l'un des époux, la validité de la clause ne peut faire aucun doute. C'est seulement lorsque la réversion s'applique aux biens personnels des deux donateurs, ou à leurs biens communs, qu'elle présentera des dangers.

On a essayé d'assurer l'usufruit au survivant des ascendants donateurs, par une clause en ces termes :

« Comme condition de la présente donation, M. X... donateur, réserve pendant sa vie l'usufruit des biens par lui donnés, et ses enfants, ses donataires, lui cèdent et abandonnent l'usufruit, aussi pendant sa vie, des biens qui viennent de leur être donnés par Mme X..., leur mère.

« De son côté, la mère donatrice fait la même réserve, et ses enfants lui font semblable abandon de l'usufruit des biens donnés par le père. »

Bien plus, on ajoutait que l'usufruit du survivant ne commencerait à courir que quelques jours après le décès du premier mourant.

Quatre arrêts de la Cour de Cassation des 14 novembre 1865 et 26 juillet 1869 ont décidé que ces clauses constituaient une libéralité entre époux, ne pouvant être considérés comme une dépendance et une condition de la donation faite aux enfants.

Après des arrêts, un notaire prudent doit s'abstenir d'employer la formule qui précède.

260. Des auteurs pratiques ont conseillé, pour assurer l'usufruit au survivant des donateurs, de faire :

1° Deux actes séparés par lesquels les époux se feraient donation de l'usufruit de tous biens ;

2° Et un troisième acte contenant le partage entre vifs de la nue-propriété, en réservant l'usufruit pendant la vie et jusqu'au décès du dernier mourant des donateurs, et avec mention expresse de la réserve faite à ce sujet, par les ascendants, de l'effet des actes de donation entre époux passés précédemment (Clerc, *Form.*, p. 686 ; Rolland de Vill., *Jur. not.*, 10538).

Dans cette circonstance, comme dans la précédente, le survivant doit acquitter des droits de mutation par décès sur son usufruit.

En outre, dans le dernier cas :

1° A l'égard du fisc, le survivant ne pourrait se soustraire au payement des droits de mutation par décès en renonçant à l'usufruit, car la donation, bien que révocable, se trouve exécutée par le partage (Cass., 27 juin 1837).

2° A l'égard des descendants, la donation pourrait être réduite comme excédant la quotité disponible (C. civ., 1094), sans que le survivant puisse invoquer l'obligation prise par les donataires d'exécuter la libéralité ; c'est un pacte sur une succession future, et, comme tel, nul (C. civ., 791, 1130, 1600).

261. Le survivant conserverait la faculté de renoncer, et, par suite, de s'exonérer des droits de mutation par décès, si le rédacteur du partage entre vifs, prenant le contre-pied du système dont l'analyse précède, faisait :

1° L'acte de partage entre vifs, avec cette réserve :

« Comme condition de la présente donation, chacun des donateurs réserve à son profit, pendant sa vie et celle de son conjoint, l'usufruit, pour en disposer comme il avisera bien, des biens par lui donnés. »

2° Deux actes séparés par lesquels les époux se feraient donation de l'usufruit des biens donnés.

Ces conventions, combinées avec une clause d'imputation sur la succession du prémourant et de rapport fictif des biens donnés, permettront souvent au survivant de profiter de l'usufruit en renonçant à la donation entre époux (v. § 12).

262. Un auteur fiscal propose d'assurer l'usufruit au survivant des donateurs au moyen de partages isolés :

1° Donation par le père de ses biens, dont il réserve l'usufruit, avec condition que les donataires lui laisseront l'usufruit pendant sa vie de tous les biens qui leur seraient donnés par l'épouse du donateur (comp. C. civ., 1130);

2° Donation par la mère, contenant aussi réserve de l'usufruit des biens donnés, avec condition que les enfants la laisseront jouir de l'usufruit des biens donnés par le père, aux termes d'un acte du...

3° Enfin, partage entre les enfants des biens donnés par les deux ascendants, avec indication que la jouissance divise ne commencera qu'au décès du survivant des père et mère (Garnier, Rep., 6704).

La combinaison sera irréprochable, sous une double condition : il faudra d'abord que les actes soient isolés à plusieurs jours d'intervalle ; ensuite que les enfants aient capacité suffisante pour faire un partage amiable.

263. Reste encore un autre procédé, pratiqué dans quelques études, et dont on peut tirer un parti avantageux :

Le partage entre vifs ne contient pas de réserve d'usufruit; il est fait à la charge d'une rente viagère, réversible sur la tête du survivant des donateurs, égale au revenu brut de tous les biens donnés, et prenant cours à partir de l'entrée en jouissance, fixée à une époque quelconque.

Puis un acte séparé, signé quelque temps après le partage, contient bail de tous les biens donnés, pour 12 ou 18 ans, par les enfants aux père et mère, moyennant un fermage égal à la rente viagère, contre laquelle il se compensera.

Ce bail doit stipuler que le survivant des père et mère en profitera seul et n'aura pas le droit de le céder, en tout ou en partie, et que le bail cesserait à son décès.

Il faudra, sans doute, acquitter les droits d'enregistrement du bail, mais ils seront bien moins élevés que ceux de mutation par décès sur l'usufruit; d'ailleurs ils peuvent être payés par périodes de trois ans.

263 *bis*. L'un des systèmes analysés sous les n°s 261, 262 et 263 sera adopté suivant la nature particulière de chaque affaire, mais en observant ceci :

Le bail prévu par le dernier, fait par un tuteur ou administrateur, pour plus de neuf ans, ne serait obligatoire que pour cette période, conformément aux articles 1718, 1429 et 1430 du Code civil. Le bail ne pourrait même avoir lieu qu'après nomination d'un administrateur *ad hoc*, dans le cas de partage entre vifs, accepté par le père pour les biens donnés par la mère, et par celle-ci pour ceux donnés par le père (v. n° 199).

Le procédé des trois actes isolés ne pourra être employé qu'avec toutes parties majeures et capables, et il faudra encore observer que la donation par le mari, si elle comprend des biens de communauté, est valable seulement dans les divers cas d'établissement de tous les enfants.

Dans le cas où l'un des époux devrait des récompenses importantes, s'il venait à survivre, le premier système ne remplirait pas complètement le but que les parties se proposeraient d'atteindre, car la disposition de l'usufruit pourrait se trouver réductible (Comp. le § 7).

§ 7.

RENTE VIAGÈRE.

264. L'obligation imposée aux enfants de servir une rente viagère aux descendants, constitue la principale et la plus fréquente condition du partage entre vifs.

Cette rente peut consister en argent ou en denrées et être stipulée non réductible au décès du prémourant des ascendants.

C'est toujours une charge particulière de la donation, ne donnant ouverture à aucun droit d'enregistrement.

Toutefois, si le survivant était sans droit dans les biens donnés, il serait passible des droits de succession sur le capital de la rente (Cass., 5 mars 1872).

Quand le survivant des ascendants a concouru à la donation-partage pour des biens à lui personnels, ou seulement pour des acquêts communs aux deux époux, la rente, stipulée réversible en entier sur sa tête, ne donne pas lieu au droit de mutation par décès (Beauvais, 11 novembre 1867; Dunkerque, 25 juillet 1871; Sol., 3 novembre 1875; Dict. enreg., *Réversion*, 119).

La solution du 3 novembre 1875 limite la dispense des droits de mutation au cas où la rente viagère est en proportion avec la valeur des biens donnés par le survivant; s'il y avait disproportion entre la valeur de la rente dont profite le survivant et celle de ses biens, la Régie décide que la clause de réversion ne serait plus une condition de la donation, et qu'il y aurait lieu à récompense, donnant ouverture au droit de mutation par décès.

Il sera toujours prudent de dire dans le partage : que la constitution de rente est une condition sans laquelle la donation n'aurait pas eu lieu ; et que les enfants renoncent à exercer aucune récompense contre le survivant, à raison de la rente viagère réversible.

Un autre système prétend que la rente viagère devant être répartie proportionnellement à la valeur des biens donnés, le survivant doit récompense de la portion de rente correspondant aux propres de l'époux prémourant (Tr. Rouen, 18 mars 1869 ; Bernay, 28 août 1878).

Mais la Régie a reculé devant l'iniquité de ce système appliqué au partage d'ascendant, cet acte renfermant la transmission de toute la fortune des ascendants, ceux-ci ne peuvent se soumettre à payer une indemnité souvent supérieure aux biens du survivant; on peut donc dire que le partage contient toujours virtuellement renonciation à toute récompense contre le dernier vivant des ascendants (Dict. enreg., *Réversion*, 114, 123).

265. On ne devra pas oublier de faire hypothéquer les biens immeubles donnés, à la garantie de la rente viagère et de l'exécution des autres charges, afin de permettre aux donateurs de poursuivre par voie de saisie, sans avoir à recourir à l'exercice de l'action révocatoire qui, prononcée contre l'un des enfants seulement, entraînerait l'anéantissement du partage en entier.

Si les ascendants doivent aller habiter avec l'un des enfants, il y aura lieu de l'autoriser à toucher la rente viagère pendant qu'ils seront chez lui.

§ 8.

INSAISISSABILITÉ.

266. L'ascendant peut déclarer insaisissable, à concurrence de la quotité disponible, les biens et objets compris dans son partage (Cass., 24 juillet 1844).

Pour l'efficacité de cette déclaration elle doit porter sur des objets déterminés.

Elle n'est opposable, en ce qui concerne les immeubles, qu'aux créanciers antérieurs au partage entre vifs ou au-

décès de l'ascendant testateur (C. pr., 581, 582; Caen, 26 déc. 1850; Cass., 10 mars 1852).

Quant aux créanciers postérieurs, la clause ne peut préjudicier à leurs droits (Cass., 10 mars 1852, 20 déc. 1864).

En autorisant l'insaisissabilité, le législateur a agi par des considérations d'humanité et a voulu assurer de modiques moyens d'existence au débiteur; ainsi comprise, la clause est très-morale, mais il ne faut pas en étendre l'application.

§ 9.

AUTORISATION TOTALE OU PARTIELLE D'ALIÉNER ET HYPOTHÉQUER.

267. Malgré les charges imposées aux enfants donataires, il est bon de leur permettre de vendre ou échanger les biens partagés, sous la condition de faire remploi des prix et soultes.

Cette clause a l'avantage de ne pas laisser les biens indisponibles, et de faciliter des arrangements à la convenance des enfants, tout en sauvegardant les droits des ascendants.

Puis, cette stipulation oblige les ascendants à donner un consentement toujours promis verbalement, mais que des conseils intéressés pourraient les amener à refuser ultérieurement, souvent sans motifs légitimes.

268. Il arrive aussi quelquefois que le partage renferme un désistement de l'action révocatoire pour inexécution des charges et conditions, ce qui permet aux donataires de disposer des biens donnés comme ils l'entendent; une telle clause présente des dangers sérieux pour l'ascendant, aussi nous pensons qu'elle ne doit être insérée que sur la demande expresse des parties, et après avoir expliqué à l'ascendant les conséquences fâcheuses qui peuvent en résulter pour lui.

§ 10.

SUBSTITUTION.

269. Les père et mère sont autorisés à faire, au profit d'un ou de plusieurs de leurs enfants, des donations ou des legs, avec la charge de conserver les biens donnés ou légués pour les rendre à tous leurs enfants nés et à naître, au premier degré seulement (C. civ., 1048).

270. Cette faculté n'appartient pas aux ascendants autres que le père et la mère ; un aïeul ne pourrait, en faisant une disposition à son petit-fils, lui imposer la charge de rendre à ses arrière-petits-enfants (Cass., 29 juin 1853; Besançon, 2 déc. 1853).

271. La substitution peut comprendre toute espèce de biens meubles ou immeubles, corporels ou incorporels.

272. Le donateur ou testateur n'est autorisé à grever de restitution que la quotité de biens dont il a la faculté de disposer (C. civ., 1048, 915).

273. Si la charge de restitution porte sur une portion de biens excédant la quotité disponible, la disposition n'est pas nulle en totalité ; le réservataire grevé a seulement le droit de demander que sa réserve soit affranchie de cette charge (C. civ., 920; Troplong, IV, 2226).

274. Un tuteur spécial est chargé de veiller à l'exécution de la substitution ; sa nomination est faite par le donateur ou testateur dans l'acte même qui contient la disposition, ou par acte postérieur, revêtu des formes prescrites par les dispositions entre vifs ou testamentaires (C. civ., 1055 et 1056 ; Demolombe, XXII, 467).

275. A défaut par le déposant d'avoir nommé un tuteur, le grevé, ou son tuteur, s'il est mineur, est tenu d'en faire nommer un dans le délai d'un mois, du jour du décès du testateur ou donateur, ou, du moins, à compter de la

connaissance de l'acte contenant la substitution (C. civ., 1056).

276. Le grevé qui n'a pas satisfait à l'obligation de faire nommer un tuteur doit être déclaré déchu du bénéfice de la disposition (C. civ., 1057; Aubry et Rau, § 696).

277. Le tuteur chargé d'assurer l'exécution d'une substitution veille à l'accomplissement des formalités suivantes :

1° Quand la substitution porte sur une quote-part de l'hérédité du disposant, il doit être procédé, dans les trois mois du décès, à l'inventaire de tous les biens composant l'hérédité (C. civ., 1058 et 1059).

2° Les meubles corporels compris dans la substitution sont vendus publiquement, excepté ceux que le grevé serait chargé de rendre en nature (C. civ., 1062, 1063 et 1064).

3° Il est fait emploi, à la diligence du tuteur, des deniers comptants, du produit de la vente des meubles et des primes provenant du remboursement des rentes et créances (C. civ., 1065, 1066 et 1068).

A cet égard, on se conforme au mode d'emploi prescrit par le disposant, sinon l'emploi a lieu en acquisitions d'immeubles, ou en placements avec privilége, ou en rentes françaises de toute nature (C. civ., 1067; l. 2 juillet 1862, 16 septembre 1871, art. 29).

4° Les actes de disposition contenant substitution sont rendus publics, quant aux immeubles, par la transcription au bureau des hypothèques, et, quant aux biens meubles, par l'annotation des actes en marge des inscriptions hypothécaires garantissant les créances, et par la mention de la substitution sur les titres de tous effets publics, actions et obligations (C. civ., 1069; l. 23 mars 1855; Demolombe, XXII, 617 à 626).

278. Le tuteur nommé pour l'exécution de la substitution, qui n'a pas fait les diligences nécessaires pour assurer l'exécution de la disposition, est personnellement

responsable envers les appelés de tous dommages ou pertes pouvant résulter de sa faute ou de sa négligence (C. civ., 1073).

279. Jusqu'à l'ouverture de la substitution, le grevé est propriétaire des biens y compris; il peut en disposer à ce titre, sauf résolution au profit des appelés, par l'événement de la condition qui doit donner ouverture à la substitution (Demolombe, XXII, 550; Cass., 5 mai 1830; Paris, 25 juillet 1850; Douai, 18 mars 1852).

Mais il faut bien remarquer qu'il serait très-dangereux de traiter d'une transmission de propriété ou d'une hypothèque avec le grevé, dont les actes pourraient être anéantis par les appelés à l'ouverture de la substitution (Aubry et Rau, § 696, 3°).

280. La substitution s'ouvre par la mort naturelle du grevé (C. civ., 1053).

281. Elle pourrait aussi s'ouvrir :

Par l'absence du grevé (C. civ., 120, 123);

Par l'arrivée du terme ou de la condition, lorsque l'auteur de la substitution a fixé une époque autre que celle de la mort du grevé, ou qu'il l'a fait dépendre d'un événement incertain (Aubry et Rau, § 696, 4°);

Par la déchéance prononcée contre le grevé, qui n'a pas fait nommer un tuteur (C. civ., 1057);

Par l'abandon volontaire, fait par le grevé, des biens substitués (Caen, 31 janvier 1860);

Par la révocation de la disposition entre vifs faite au profit du grevé, dans les cas prévus par les articles 954, 955 et 1046, C. civ.

La substitution a pour but d'assurer la conservation d'une propriété de famille, à laquelle se rattachent des souvenirs affectueux et de garantir un enfant prodigue, dissipateur, contre son inconduite.

Le premier motif est d'intérêt purement privé, mais le second intéresse la société; en effet, il lui importe que les familles soient préservées de ces brusques déchéances, qui les précipiteraient de l'aisance dans le dénûment et la dégradation !

§ 11.

RETOUR.

282. On appelle retour ou réversion, le droit en vertu duquel une chose, transmise à titre gratuit, retourne, sous certaines conditions, soit à celui dont elle provient, soit à ses descendants.

Le droit de retour est légal ou conventionnel (C. civ., 351, 747, 766, 951).

283. Le droit de retour légal est applicable aux partages d'ascendants entre vifs (Lyon, 2 août 1840; Douai, 14 mai 1851; Demolombe, XIII, 515).

284. Mais il y a une grande différence entre le retour légal et le retour conventionnel.

Le premier n'étant qu'un droit héréditaire, le donataire a la libre disposition des biens donnés; il peut les vendre, aliéner et hypothéquer, et le donateur, exerçant le retour légal, est tenu de souffrir les actes faits.

285. Il en est autrement du retour conventionnel dont l'effet est de résoudre toutes les aliénations et hypothèques (C. civ., 952).

ARTICLE PREMIER.

REMARQUES SUR LE RETOUR LÉGAL.

286. L'adoptant jouit du retour légal sur les choses qu'il a données entre vifs à l'adopté, décédé sans descendants légitimes ou légitimés (C. civ., 351; Cass., 27 août 1822).

Les ascendants succèdent, à l'exclusion de tous autres, aux choses par eux données à leurs enfants ou descendants décédés sans postérité, lorsque les objets donnés se retrouvent en nature dans la succession. Si les objets ont été aliénés, les ascendants recueillent le prix qui peut en être dû. Ils succèdent aussi à l'action en reprises que pouvait avoir le donataire (C. civ., 747).

287. Le retour légal, appelé aussi successoral, est un véritable droit héréditaire (Cass., 17 décembre 1812, 18 août 1818, 16 mars 1830; Bordeaux, 15 avril 1831); c'est une succession anomale, à côté de la succession ordinaire.

288. L'ascendant peut renoncer au retour conventionnel, mais il ne pourrait renoncer à l'exercice du retour légal; une telle renonciation serait nulle comme pacte sur une succession future.

289. Tout ascendant légitime jouit du droit de retour légal sur les objets qu'il a donnés à ses descendants; ce droit est subordonné au décès du donataire sans descendants légitimes ou légitimés.

290. L'existence d'enfants adoptifs ou naturels n'est pas un obstacle au retour légal (Cass., 3 juillet 1832, 9 août 1854; Douai, 14 mai 1851 ; Demolombe, XIII, 509.

291. Les père et mère de l'enfant naturel reconnu jouissent du droit de retour sur les objets qu'ils lui ont donnés, mais pas à l'encontre l'un de l'autre (*Comp.*, C. civ., 765 ; Demolombe, XIII, 496; Aubry et Rau, § 608. Il y a quelques opinions contraires : Marcadé, art. 747).

292. Le retour successoral s'exerce sur les objets donnés, lorsque ces objets se retrouvent en nature dans la succession (C. civ., 747).

293. Quand le donataire a disposé, à titre onéreux ou gratuit, même par testament, des objets reçus, le retour ne peut plus s'exercer (Cass., 16 mars 1830, 2 janv. 1838, 14 fév. 1855).

294. L'ascendant succède aussi au prix des objets aliénés, que ce prix consiste en argent, marchandises ou rente

perpétuelle, mais, le prix une fois payé, le droit de retour est éteint (Demolombe, XIII, 527, 528).

295. Enfin les ascendants succèdent encore à l'action en reprise que pouvait avoir le donataire : soit le rachat d'un immeuble vendu à réméré, soit le prélèvement à exercer sur la communauté ayant existé entre le donataire et son conjoint, à cause de valeurs non entrées en communauté; soit encore des restitutions à obtenir par une femme contre mari (Aubry et Rau, § 608).

296. Trois questions très-importantes dominent en quelque sorte la matière du retour successoral.

1° Si la chose donnée a été échangée par l'enfant donataire, l'ascendant succède-t-il à la chose reçue en contre-échange ?

L'affirmative n'est pas douteuse, puisque l'origine de la chose reçue en contre-échange est incontestable et que cette chose n'est nullement confondue dans d'autres biens (Aubry et Rau, § 608, Mourlon, II, p. 55; Dalloz, *Succ.* tome XII, p. 299).

M. Demolombe soutient l'opinion contraire, mais il cite une espèce qui fournit, il en convient, contre sa doctrine, une objection très-grave :

« Un père et une mère avaient donné entre vifs à leur deux enfants plusieurs immeubles qui appartenaient, les uns au père, les autres à la mère; la donation avait été faite aux deux enfants collectivement, et ensuite les deux enfants avaient fait entr'eux le partage de ces immeubles indivis.

« Il est arrivé que l'un des immeubles donnés par l'espèce était échu en entier à l'un des enfants, et que l'un des immeubles donnés par la mère était aussi échu en entier à l'autre; l'un des enfants vint à mourir sans postérité.

« D'après la doctrine qui admet l'ascendant à succéder à l'immeuble reçu en contre-échange de celui qu'il a donné, le retour successoral se serait ouvert, dans ce cas, pour la moitié de l'immeuble, au profit de celui des père et mère qui avait donné cette moitié au *de cujus*; et celui des père et mère qui n'était pas donateur de cet immeuble aurait néanmoins succédé à l'autre moitié qui avait été échangée par le *de cujus* contre la moitié d'un immeuble qu'il lui avait donné.

« Dans notre système, au contraire, le retour successoral ne s'ouvrira, dans ce cas, que pour moitié au profit de celui des père et mère qui a donné cet immeuble; et l'autre, qui n'en était point donateur, n'y pourra pas succéder du tout » (XIII, 542).

Le système que nous avons émis a été adopté par arrêts de la Cour d'Angers des 13 mai 1867 et 3 mai 1871; cependant il nous paraît prudent, dans les partages d'ascendants, d'assurer le retour à chacun des donateurs au moyen d'une clause spéciale.

Cette clause constitue alors un véritable retour conventionnel.

2° L'ascendant succède aux objets acquis par le donataire avec le prix provenant de l'aliénation des biens meubles et immeubles qui lui avaient été donnés, lorsqu'il y a dans l'acte d'acquisition déclaration de l'origine des deniers et de l'emploi (C. civ., 132, 1434, 1435).

3° Enfin l'ascendant qui a donné de l'argent, des denrées, des créances, des inscriptions de rente, etc., succède aux choses de même nature qui se retrouvent dans la succession, parce que ces sortes de choses sont toujours réputées se retrouver en nature, dès qu'on en retrouve de semblables (Cass., 30 juin 1817; Vazeille, art. 747, n° 26; Aubry et Rau, § 608).

297. L'exercice du droit de retour peut produire un résultat injuste après un partage d'ascendants, fait entre des enfants et des petits-enfants, en cas de décès de l'un de ces derniers.

Ainsi l'ascendant possède 24,000 fr. de fortune, il a un enfant et deux petits-fils, issus d'un enfant prédécédé;

la part de l'enfant est de 12,000 fr., et celle de chacun des petits-fils de 6,000 fr. Si l'un des petits-enfants décède avant l'ascendant, et que celui-ci exerce le retour légal, la part totale du petit-fils survivant dans sa succession sera de 9,000 fr., seulement au lieu de la moitié ou 12,000 fr. qu'il aurait eue dans la succession *ab intestat*, tandis que le fils qui ne serait appelé à recuillir que 12,000 fr. se trouvera en avoir 15,000.

Pour rétablir l'égalité, l'ascendant donateur doit, ou renoncer au droit de retour, ou faire donation au petit-fils survivant de la part de son frère. Cet acte de donation, contenant l'explication des faits, est considéré comme un partage d'ascendant complémentaire et soumis au même droit (Sol., 10 décembre 1874). Une condition d'accroissement, au profit du survivant des petits-enfants, éviterait l'inégalité choquante qui vient d'être signalée.

ARTICLE DEUXIÈME.

RETOUR CONVENTIONNEL.

297. Le donateur peut se réserver le droit de reprendre les effets donnés en cas de décès, soit du donataire seul, soit du donataire et de ses descendants.

Ce droit ne peut être stipulé qu'au profit du donateur seul; il s'éteint par son prédécès.

298. Cette réserve constitue une condition résolutoire, appelée retour conventionnel (C. civ., 951).

299. L'existence d'un enfant naturel ou adoptif, n'empêche l'exercice du droit de retour que lorsque la donation est postérieure à la reconnaissance ou à l'adoption (Demolombe, xx, 509; Aubry et Rau, § 700; Troplong, 1794).

300. En toute circonstance, le droit de retour doit être

clairement stipulé; il ne saurait s'induire de conjectures plus ou moins certaines.

C'est ainsi que la clause d'avancement d'hoirie n'implique en aucune façon la clause du droit de retour (Montpellier, 4 déc. 1835; Limoges, 16 janv. 1841; Aubry et Rau, § 700).

301. Le retour conventionnel ne se présume point dans un partage d'ascendant entre vifs (Montpellier, 21 janv. 1833; Aubry et Rau, § 700; Demolombe, XX, 513).

302. Rien ne s'oppose à ce que le donateur renonce à son droit de retour; il peut aussi le céder ou donner (Cass., 19 janv. 1836).

303. La renonciation au droit de retour par le donateur résulte tacitement de son concours à la vente du bien donné; cependant il a été jugé qu'en concourant à la vente, le donateur n'est pas censé renoncer à son droit de retour sur le prix (Riom, 14 août 1852). Il est donc nécessaire d'expliquer dans la vente que le donataire pourra en toucher le prix, le donateur se réservant de le reprendre dans la succession.

304. Son concours à une constitution d'hypothèque ne fait supposer qu'une simple renonciation, en faveur du créancier hypothécaire (Demolombe, XX, 519).

Il a été jugé que la permission accordée à l'enfant donataire de disposer des biens donnés, ne l'autorise pas à les léguer (Rouen, 31 juillet 1858; Bordeaux, 27 mars 1878).

305. Quant aux effets de la condition du droit de retour, il faut bien observer que si le donataire est propriétaire des objets donnés et peut les aliéner et hypothéquer, les dangers de la clause résolutoire sont un obstacle très-grave à leur libre disposition. La conséquence de l'ouverture du droit de retour étant de résoudre toutes les aliénations des biens donnés, et de faire revenir ces biens au donateur, francs et quittes de toutes charges et hypothèques, du chef du donataire ou des tiers acquéreurs (C. civ., 952, 1183; Aubry et Rau, § 700).

306. Malgré l'indisponibilité dont le droit de retour conventionnel affecte en général les biens pendant la vie du donateur, il est utile de le stipuler dans les partages d'ascendants entre vifs conjonctifs, pour éviter les difficultés occasionnées par le retour successoral, dans le cas où il ne s'ouvrirait qu'après le décès de l'un des ascendants. D'ailleurs, la clause pourrait avoir pour correctif l'obligation, prise par les donateurs, de consentir à la vente des biens, moyennant remploi.

Un notaire prudent ne doit pas perdre de vue que l'exercice du retour conventionnel ne donne ouverture à aucun droit d'enregistrement, alors que l'ascendant, exerçant le retour légal, est obligé de payer les droits de mutation par décès (Déc. min. fin., 29 déc. 1807; Cass., 28 déc. 1829; Demante, 529; Inst. 366; Dict. enreg., *Retour*, 82, 122, 125).

§ 12.

IMPUTATION. — RAPPORT.

307. Quand le partage entre vifs est fait par deux époux et ne comprend qu'une partie de leurs biens, il est utile, dans l'intérêt de l'époux survivant, de stipuler :

1° Que la valeur des biens donnés sera imputée en entier sur la succession du prémourant des donateurs et subsidiairement, en cas d'insuffisance, sur celle du survivant (Sol., 26 mars 1878);

2° Que le rapport fictif sera fait à la succession du premier mourant des donateurs, de la somme à laquelle les meubles et immeubles donnés sont estimés (Cass., 6 mai 1879; St-Quentin, 29 nov. 1376; Seine, 18 février 1881).

Une clause dans ces termes ne fait pas perdre à l'acte le caractère de partage d'ascendants, tant entre les parties qu'à l'égard du fisc.

Pour que la clause soit de nature à modifier les effets du partage vis-à-vis de la régie, il faut qu'il s'agisse d'un rapport *réel* des biens (Cass., 7 mars 1876); car elle prétend que l'acte est alors non un partage d'ascendants, mais bien une donation ordinaire, passible du droit de 2 fr. 50 °/₀, indépendamment du droit de transcription sur les immeubles.

TITRE QUATRIÈME.

EFFETS DU PARTAGE D'ASCENDANTS.

§ 1er.

PARTAGE ENTRE VIFS.

308. Le partage entre vifs est un acte *sui generis*, d'une nature essentiellement complexe. Son caractère prédominant est celui de la donation entre vifs, coexistant avec l'élément du partage (Cass., 13 février 1860 ; Aubry et Rau, § 728 ; Requier, 91 ; Bonnet, 107).

309. L'ascendant n'a pas de droit de privilége sur les biens donnés, à raison des charges, même pécuniaires, imposées aux donataires (Nîmes, 29 novembre 1854 ; Colmar, 30 mai 1865 ; Demolombe, xx, 576 ; Aubry et Rau, § 263 ; Troplong, I, 216).

Mais l'ascendant peut acquérir un droit d'hypothèque, sur tout ou partie des biens donnés, au moyen d'une affectation spéciale consentie par les donataires ayant capacité complète (V. n° 313).

Après ces indications générales, nous allons voir les effets que produit le partage entre vifs à l'égard des ascendants, des descendants et des tiers.

ARTICLE PREMIER.

RAPPORTS ENTRE L'ASCENDANT ET LES DESCENDANTS.

310. En général, le partage entre vifs produit, entre l'ascendant et les enfants, les mêmes effets qu'une donation entre vifs (C. civ., 1076; Agen, 25 avril 1846; Poitiers, 10 juin 1851).

311. L'ascendant peut, comme tout autre donateur, demander la révocation pour cause d'inexécution des conditions ou pour ingratitude, soit contre tous les enfants, soit seulement contre celui qui n'exécute pas les conditions ou qui se montre ingrat (C. civ., 953; Limoges, 21 juin 1836; Bordeaux, 5 juin 1850; Genty, p. 228; Saintespès Lescot, IV, 1814; Aubry et Rau, § 733; Requier, 83; Bonnet, 446)

312. La révocation pour inexécution des conditions ou pour ingratitude n'étant encourue qu'à titre de pénalité, ne saurait frapper que le donataire coupable.

Elle ne fait rentrer dans le patrimoine de l'ascendant que les biens composant le lot du donataire contre lequel la révocation a été prononcée.

Mais si le donataire révoqué vient à la succession, ses cohéritiers sont obligés de lui laisser reprendre les biens qui formaient son lot, lorsque l'ascendant n'en a pas disposé, et, au cas contraire, de lui délivrer des biens d'une valeur équivalente, à défaut de quoi il pourrait provoquer un nouveau partage des biens de l'ascendant (Douai, 25 juillet 1879; Genty, p. 281; Aubry et Rau, § 733).

D'après un autre système, la nullité ou la révocation prononcée, sur la demande de l'ascendant, contre l'un des enfants, pour l'inexécution des conditions ou ingratitude, détruit la donation d'une manière absolue et pour tous les enfants, en vertu de l'article 1078 (Bordeaux, 4 décembre 1871 ; Besançon, 23 mars 1880 ; Demolombe, XXIII, 141 ; Requier, 83 ; Bonnet, 515).

Ce dernier système doit être suivi en pratique.

313. Afin de parer aux conséquences qu'entraîne la révocation, pour inexécution des conditions ou charges imposées par l'ascendant, on doit faire hypothéquer les biens compris dans chaque lot à la garantie de l'exécution des conditions.

En vertu de cette hypothèque, le donateur, au lieu de demander la révocation, fait saisir et vendre le lot du donataire en défaut, et le partage conserve toute sa force pour les autres enfants.

314. L'ascendant n'est tenu, envers ses enfants, de l'obligation de garantie, à raison des troubles et évictions qu'ils pourraient encourir, que comme tout autre donateur entre vifs (Genty, p. 228 ; Colmet de Santerre, IV, 243 ; Bertauld, II, 67).

315. Ainsi l'ascendant doit garantir les donataires, lorsqu'il s'y est obligé, et dans les termes de son engagement (Toulouse, 24 mars 1866 ; Besançon, 25 juin 1866 ; Demolombe, XX, 546).

316. Ou si la donation a été faite en faveur de mariage (C. civ., 1440, 1547 ; Aubry et Rau, § 705).

317. Lorsque le donateur a agi de mauvaise foi, en donnant des biens qui ne lui appartenaient pas, il est tenu d'indemniser les donataires des pertes qu'ils ont éprouvées par suite de la donation (Demolombe, XX, 552 ; Dalloz, 1705).

318. Dans le cas où le donateur aurait, depuis la donation dûment acceptée, et avant sa transcription, vendu ou hypothéqué les immeubles donnés, les donataires ont droit à des dommages-intérêts (Demolombe, XX, 550, 551 ; Aubry et Rau, § 705 ; Coin-Delisle, art. 938).

319. Quand les immeubles donnés sont grevés de dettes hypothécaires dont le paiement n'a pas été mis à la charge des donataires, ceux-ci peuvent mettre le do-

nateur en cause pour le forcer à libérer les immeubles (Rouen, 3 juillet 1828; Duranton, VIII, 527; Demolombe, XX, 550).

320. S'agit-il d'un partage d'ascendant avec charges; par exemple, les biens valent 20,000 fr. et les charges s'élèvent à 5,000 fr. S'il y a éviction totale, les donataires n'auront que le droit de répéter les charges par eux acquittées. Si, au contraire, l'éviction n'est que partielle, ils n'auront de recours à exercer qu'autant qu'ils seraient en perte (Demolombe, XX, 548; Aubry et Rau, § 705; Duranton, VIII, 531; Coin-Delisle, art. 938).

321. Rappelons ici que les enfants ne sont pas tenus, de plein droit, d'acquitter les dettes de l'ascendant, lors même que le partage comprend tous les biens (C. civ., 945; Caen, 15 janvier 1849; Bonnet, 463; Dalloz, 4572). Comp. n° 252.

322. La femme mariée qui concourt à la donation faite par le mari d'un immeuble à lui personnel, renonce tacitement, en faveur des donataires, à son hypothèque légale sur cet immeuble, mais il est préférable de préciser la renonciation, parce que le concours de la femme pourrait être motivé par une autre cause (Comp. Cass., 30 juin 1856; Autun, 10 février 1874). Si la femme était incapable de renoncer à son hypothèque légale, il faudrait nécessairement remplir les formalités de purge, comme le donataire en a le droit (Aubry et Rau, § 293 *bis*, 3°; Pont, 1276).

ARTICLE DEUXIÈME.

RAPPORTS DES DONATAIRES COPARTAGÉS ENTRE EUX.

323. Entre les enfants ou descendants, le partage d'ascendant produit les effets ordinaires des partages (Aubry et Rau, § 728 et 733; Requier, 91 et suiv.).

324. Ils sont, en conséquence, obligés de se garantir réciproquement de tous troubles et évictions dans les termes des articles 884, 885 et 886 du Code civil.

325. Les descendants ont droit au privilége accordé à tous les copartageants (C. civ., 2103, 2109; Cass., 4 juin 1849; Montpellier, 19 décembre 1862; Bertauld, II, 80). Quand le partage comprend les immeubles des père et mère, même confondus en une seule masse, le privilége du copartageant ne peut s'exercer à raison de la garantie due pour le partage, que sur les biens provenant de l'ascendant du chef duquel procède le trouble ou l'éviction (C. civ., 884; Cass., 5 avril 1881).

Pour sa conservation à l'égard des tiers, ce privilége doit être inscrit dans les quarante-cinq jours de l'acceptation du partage (C. civ., 2109; l. 23 mars 1855, art. 6; Flandin, 1136; Pont, 294; Cass., 28 août 1859).

326. Les enfants donataires ne pourraient demander la résolution du partage, pour inexécution des clauses de l'acte en tant que donation (Cass., 9 mai 1832, 4 juin 1849, 7 août 1860; Nancy, 27 juillet 1838; Grenoble, 8 janv. 1851; Besançon, 8 juin 1857).

327. Lorsque l'ascendant a attribué à l'un des descendants la totalité d'un ou de plusieurs immeubles, moyennant des soultes à payer aux autres, la soulte due à l'enfant marié sous le régime de la communauté ne tombe dans la communauté que sauf récompense.

Et la soulte attribuée à une femme mariée sous le régime dotal reste dotale, comme ses immeubles et ne peut être touchée par le mari qu'à charge de remploi (Aubry et Rau, § 733; Demolombe, XXIII, 138; Requier, 89; Cass., 11 décembre 1850).

Un autre système enseigne que si l'attribution des biens est faite par l'ascendant, la soulte n'est qu'une somme donnée, c'est-à-dire une chose mobilière, tombant dans la communauté légale de l'enfant marié sous ce régime, et que le mari de la femme dotale peut toucher sans remploi (Comp. Cass., 4 juin 1849, 7 août 1860; Caen, 5 nov. 1845; Bonnet. 494).

Seul le premier système est juste, mais comme il est contesté, nous pensons qu'il sera bon, pour éviter les conséquences du dernier, de diviser le partage d'ascendants en deux parties distinctes : *donation* et *partage*, quand la capacité de toutes les parties le permettra.

328. Dans le cas d'incapacité de l'un des donataires, il y aura lieu de stipuler :

1° Que la soulte ne tombera pas dans la communauté du donataire soumis à ce régime (C. civ., 1401).

2° Que le mari de la femme dotale sera tenu de faire emploi de la soulte, dans des conditions déterminées.

Une telle condition est valable, étant motivée par l'exécution des charges stipulées, ou par une réserve de retour conventionnel.

ARTICLE TROISIÈME.

RAPPORT DE L'ASCENDANT ET DES DESCENDANTS A L'ÉGARD DES TIERS.

329. Les partages entre vifs constituent, au regard des tiers, des actes de pure libéralité et sont soumis, quant à la transmission des biens y compris, aux règles qui gouvernent les donations ordinaires (Demolombe, XXIII, 136).

330. Ainsi, le dessaisissement actuel qu'ils entraînent est opposable aux créanciers, sous les conditions prescrites par la loi (art. 939, 948 du Code civ.), notamment par la transcription quant aux immeubles et droits immobiliers, et par l'état estimatif à l'égard du mobilier.

Ainsi encore les créanciers de l'ascendant peuvent attaquer le partage, comme toute autre donation entre vifs, par l'action Paulienne révocatoire (C. civ., 1167), sous les conditions du droit commun, principalement sans être tenu de prouver que les enfants étaient complices de la fraude de l'ascendant (Aubry et Rau, § 733, 1° C.; Bonnet, 464; Grenoble, 10 mai 1833).

331. La règle de l'article 922 du Code civil, qui exige que tous les biens donnés entre vifs soient réunis fictivement à la masse pour le calcul de la quotité disponible, s'applique aux biens compris dans le partage entre vifs (Cass., 13 fév. 1860, 24 avril 1861, 17 août 1863 et 14 mars 1866; Colmet de Santerre, IV, 245 *bis*; — Comp. Lespinasse, *Revue critique*, 1879, p. 709).

ARTICLE QUATRIÈME.

ALIÉNATION ET HYPOTHÈQUE DES BIENS DONNÉS.

332. En vertu du partage entre vifs, les enfants donataires sont propriétaires des biens, meubles et immeubles qui leur ont été attribués; ils peuvent les aliéner et hypothéquer comme bon leur semble.

333. Cependant le droit de propriété résultant du partage d'ascendant se trouve soumis à diverses causes de résolution résultant :

De l'inexécution des conditions (V. n° 356);

De l'ouverture du droit de retour conventionnel réservé (V. n° 297);

De l'ingratitude (V. n° 366);

De l'omission d'enfants (V. n° 375).

La révocation exercée contre l'un des enfants entraîne la nullité du partage tout entier (V. n° 312).

Le partage d'ascendant peut aussi être attaqué : pour lésion ou pour atteinte à la réserve.

Si l'on n'a pas fait entrer dans chaque lot pareille quantité de biens de même nature.

334. Il ne serait donc pas toujours prudent de traiter avec l'enfant donataire pendant la vie de l'ascendant dona-

teur, à cause des incertitudes existant sur le maintien du droit de propriété.

Sans doute, lorsqu'on connaît particulièrement la situation, il est facile de savoir à quoi s'en tenir sur les chances de survenance d'enfants, avec une ascendante âgée, et aussi sur la lésion et l'atteinte à la réserve.

335. Quand le donateur consent aux actes d'aliénation ou d'hypothèque, son concours a pour but de renoncer à l'action révocatoire pour inexécution des conditions, et au droit réservé de retour conventionnel.

334. Nous supposons ici que le partage d'ascendants a été transcrit; dans le cas où la transcription n'a pas eu lieu, le concours de l'ascendant donne toute sécurité aux acquéreurs ou prêteurs, comme nous le verrons plus loin, nos 433 et suivants.

Si l'un des enfants donataires a l'intention de vendre les immeubles entrés dans son lot, l'opération se trouverait facilitée par la non-transcription du partage entre vifs, en ce qui le concerne (v. n° 613). C'est là une ressource particulière dont l'emploi ou le rejet sera subordonné au degré de moralité de l'ascendant donateur, et au délai probable exigé pour la réalisation de la vente.

§ 2.

PARTAGE TESTAMENTAIRE.

337. Dans le partage testamentaire, l'élément dominant est celui du partage; les enfants recueillent les biens qui leur sont attribués, à titre d'héritiers plutôt qu'en qualité de légataires (Demolombe, XXIII, 49; Bonnet, 101; Genty, p. 197).

338. Il est manifeste que l'ascendant peut toujours révoquer, en tout ou en partie, son partage testamentaire (C. civ., 1076, 895).

339. A la différence du partage entre vifs, le partage testamentaire est obligatoire pour les copartagés, qui ne pourraient individuellement opter, soit pour leurs droits de successibilité légale, en répudiant leurs droits de légataires; soit pour leurs droits de légataires, en répudiant ceux de successibilité légale.

Mais les copartagés pourraient s'accorder pour répudier l'œuvre testamentaire et s'en tenir à leur qualité d'héritiers, et une telle renonciation ne leur porterait aucun préjudice, à moins que l'ascendant n'eût eu la prévoyance de disposer, pour ce cas, au profit d'un étranger, de la quotité disponible.

340. Il est nécessaire, après le décès de l'ascendant, de faire un consentement à l'exécution du testament et de la distribution qu'il contient, pour prévenir les difficultés et controverses (Bertauld, II, 141).

341. Si l'ascendant avait aliéné la totalité des biens composant le lot de l'un des descendants, le partage serait nul, comme n'ayant pas été fait entre tous les enfants (C. civ., 1078).

Quant aux changements survenus dans l'état et la valeur des biens dont les différents lots sont formés, dans l'intervalle du testament au décès de l'ascendant, ils n'entraînent ni la nullité ni la révocation du testament, du moment où ils n'entament pas la réserve, soit qu'ils proviennent du fait de l'ascendant, soit qu'ils aient pour cause le fait d'un tiers ou un cas fortuit.

342. Cependant, il appartient aux tribunaux d'apprécier le fait et l'intention d'après les circonstances et de décider si, par suite des aliénations ou modifications, l'opération se trouve dénaturée (Demolombe, XXIII, 96; Requier, 52; Aubry et Rau, § 733, 2°).

343. Dans le cas où l'un des enfants décède avant l'ascendant, sans laisser lui-même d'enfants, le partage est maintenu, et il y a lieu à un supplément de partage des biens qui formaient le lot de l'enfant prédécédé (Demo-

lombe, XXIII, 107; Requier, 75; Bonnet, 439; Montpellier, 7 fév. 1850).

344. Lorsque l'enfant prédécédé laisse des descendants, son lot leur revient, lors même que l'ascendant n'aurait pas prévu cette circonstance dans son partage (Riom, 28 nov. 1828; Limoges, 29 fév. 1832; Demolombe, XXIII, 110; Troplong, 2320; Genty, p. 209).

345. Si l'ascendant avait fait une disposition préciputaire à l'enfant prédécédé, ses enfants ne pourraient pas la réclamer par représentation; le legs serait alors caduc (C. civ., 1039).

346. L'enfant condamné à une peine afflictive est incapable d'être donataire, mais il peut recueillir le lot qui lui a été fait par l'ascendant dans le partage testamentaire; la loi du 31 mai 1854 n'est pas applicable (Demolombe, XXIII, 113).

347. Les causes d'indignité qui peuvent faire exclure un héritier de la possession légitime s'appliquent au partage testamentaire (C. civ., 727), et non celles qui autorisent la révocation d'une disposition testamentaire pour cause d'ingratitude (C. civ., 1046, 1047).

348. Le partage testamentaire n'est pas révocable pour cause d'inexécution des conditions; les copartageants ne peuvent que poursuivre, par les voies ordinaires, l'exécution des conditions du partage (Grenoble, 8 janv. 1851, 8 juin 1857; Cass., 7 août 1860; Requier, 71).

349. Les enfants copartagés sont tenus réciproquement, comme héritiers, à l'obligation de garantie résultant des articles 884 et 886 du Code civil (Genty, p. 203).

D'où il suit que les actions en paiement des soultes et en garantie jouissent du privilége dont la loi les a munies, dans l'intérêt de tous les copartageants (C. civ., 2103, 2109).

350. Le délai pour l'inscription du privilége court de la mort de l'ascendant (Cass., 7 août 1860).

351. Que l'article 883 du Code civil soit applicable au

partage d'ascendant testamentaire, cela est de toute évidence (Cass., 4 juin 1849).

352. Au surplus, les enfants copartagés sont tenus des dettes de l'ascendant, d'après le droit commun, comme les héritiers légitimes, soit *ultra vires* s'ils ont accepté purement et simplement, soit *intra vires* s'ils n'ont accepté que sous bénéfice d'inventaire (Genty, p. 206; Colmet de Santerre, IV, n° 243 *bis*).

TITRE CINQUIÈME.

ACTIONS DIRIGÉES CONTRE LE PARTAGE D'ASCENDANT.

353. Les partages d'ascendants sont soumis aux formalités, conditions et règles prescrites pour les donations entre vifs et les testaments (C. civ., 1076, 931, 967, etc.).

Ils peuvent donc être annulés lorsque les formalités n'ont pas été observées, ou rescindés pour erreur, dol ou violence (C. civ., 1109).

A cet égard, les principes du droit commun régissent les partages d'ascendants, comme les autres dispositions par actes entre vifs ou testamentaires (Lyon, 30 août 1848, Bordeaux, 30 juin 1850).

354. Nous avons rappelé, sous le titre de capacité des parties, n°s 57 à 89, les règles relatives à la validité du consentement;

Sous le titre de conditions de forme, ce qui est relatif, les formalités extrinsèques des donations et testaments, n°s 105 et suivants;

Sous les n°s 225 et suivants, ce qui concerne la répartition des biens, suivant leur nature.

Il reste à indiquer : les prescriptions de la loi ayant trait à la révocation, et les causes spéciales de nullité ou de rescision du partage d'ascendant considéré comme tel.

§ 1er.

RÉVOCATION.

355. Au principe de l'irrévocabilité des donations, le Code civil a apporté deux exceptions qui sont en général applicables au partage d'ascendants entre vifs :

Les donations sont révoquées pour inexécution des conditions imposées et pour ingratitude (C. civ., 953).

L'article 953 ajoute un troisième cas de révocation : la survenance d'enfants dont les effets ne se rattachent qu'indirectement au partage d'ascendant, à raison duquel l'article 1078 renferme une disposition exceptionnelle.

ARTICLE PREMIER.

RÉVOCATION POUR INEXÉCUTION DES CONDITIONS.

356. La révocation pour cause d'inexécution des charges imposées aux donataires, est régie par les règles ordinaires établies pour tous les contrats synallagmatiques, résultant de l'article 1184 du Code civil, ainsi conçu :

« La condition résolutoire est toujours sous-entendue dans les contrats synallagmatiques, pour le cas où l'une des deux parties ne satisfera pas à son engagement.

« Dans ce cas, le contrat n'est pas résolu de plein droit. La partie envers laquelle le contrat n'est point exécuté a le choix ou de forcer l'autre à l'exécution de la convention lorsqu'elle est possible, ou d'en demander la résolution avec dommages-intérêts.

« La résolution doit être demandée en justice, et il peut être accordé au défendeur un délai, selon les circonstances. »

357. Avant de former la demande en révocation, il faut que le donataire soit mis en demeure d'exécuter les conditions (C. civ., 1139 ; Cass., 3 mai 1852 ; Aubry et Rau, § 707 *bis*.

358. La révocation n'a lieu qu'en vertu d'un jugement (C. civ., 956).

359. Le juge peut accorder un délai au donataire pour l'exécution des conditions (Cass., 14 mai 1838, 2 mai 1852) à moins qu'il n'ait été stipulé que la révocation aurait lieu de plein droit par le seul défaut d'exécution (Demolombe, xx, 606, Aubry et Rau, § 707 *bis*).

360. Dans ce cas de révocation, les biens rentrent dans les mains du donateur, libres de toutes charges et hypothèques du chef du donataire, et le donateur a, contre les tiers-détenteurs, les mêmes droits qu'il avait contre le donataire lui-même (C. civ., 954).

361. Le droit de provoquer la révocation pour inexécution des charges appartient au donateur ou à ses héritiers et à leurs créanciers (Cass., 23 mai 1855 ; Grenoble, 24 juillet 1862 ; Demolombe, xx, 592, 595).

362. Les tiers-acquéreurs des biens donnés et les créanciers du donataire peuvent arrêter l'effet de la demande en révocation, en offrant d'exécuter les obligations imposées à ce dernier (Nancy, 22 fév. 1867 ; Dijon, 24 janv. 1873).

363. Mais les tiers ne pourraient arrêter la demande s'il s'agissait de charges devant être remplies par le donataire lui-même, comme dans le cas où le donataire se serait chargé de loger, nourrir et soigner le donateur jusqu'à la fin de ses jours (Limoges, 28 janvier 1841).

364. Lorsque la donation a été faite à la charge d'une rente viagère, le seul défaut de paiement des arrérages autorise le donateur à demander la révocation (Poitiers, 6 janvier 1837 ; Caen, 21 avril 1841 ; Pau, 6 août 1861).

365. Le donateur peut céder son droit de révocation à

un tiers (Toulouse, 9 février 1832; Saintespès-Lescot, III, 861).

Il peut aussi renoncer à ce droit (C. civ., 953; Cass., 27 déc. 1853).

ARTICLE DEUXIÈME.

RÉVOCATION POUR INGRATITUDE.

366. La donation peut être révoquée pour cause d'ingratitude dans trois cas :

Lorsque le donataire a attenté à la vie du donateur;

Lorsqu'il se rend coupable envers lui de sévices, délits ou injures graves;

S'il lui refuse des aliments (C. civ., 955).

367. L'attentat contre la vie du donateur est un crime puni par les lois pénales. Mais il n'est pas nécessaire que la condamnation ait été prononcée pour que la révocation soit encourue.

La loi s'applique indistinctement au mineur qui a agi avec discernement, à la femme mariée, à l'interdit (Aubry et Rau, § 708, *a*).

368. Les sévices sont les mauvais traitements, les délits sont les faits qualifiés et réprimés par les lois; enfin les injures graves sont des atteintes portées à l'honneur, à la considération ou à la dignité; elles peuvent résulter de paroles, d'écrits ou de faits.

369. Le refus d'aliments de la part du donataire ne peut motiver une demande en révocation, lorsque le donateur a des parents ou alliés auxquels il est en droit de réclamer des aliments et qui sont en état de lui en fournir (Demolombe, XX, 647).

370. La demande en révocation pour cause d'ingratitude doit être formée dans l'année, à compter du jour du délit imputé par le donateur au donataire, ou du

jour que le délit aura pu être connu par le donateur (C. civ., 957).

Cette révocation ne peut être demandée par le donateur contre les héritiers du donataire, ni par les héritiers du donateur contre le donataire, à moins que, dans ce dernier cas, l'action n'ait été intentée par le donateur ou qu'il ne soit décédé dans l'année du délit (C. civ., 957).

371. L'injure grave à la mémoire du donateur n'est pas une cause de révocation de la donation (Metz, 24 mai 1859; Demolombe, xx, 639).

372. La révocation pour cause d'ingratitude ne préjudicie ni aux aliénations faites par le donataire, ni aux hypothèques et autres charges réelles qu'il aurait pu imposer sur l'objet de la donation, pourvu que le tout soit antérieur à l'inscription de l'extrait de la demande en révocation en marge de la transcription des donation, acceptation et notification.

373. Dans le cas de révocation, le donataire sera condamné à restituer la valeur des objets aliénés eu égard au temps de la demande et les fruits à compter du jour de cette demande (C. civ., 958).

§ 2.

NULLITÉ ET RESCISION.

374. En dehors des causes de nullité ou de rescision communes à tous les actes de cette nature, les partages d'ascendants entre vifs ou testamentaires peuvent être annulés ou rescindés dans trois cas :

1° Lorsque le partage n'a pas été fait entre tous les enfants existants au décès de l'ascendant;

2° Quand l'acte contient une lésion de plus du quart au préjudice de l'un des copartagés;

3° S'il résulte du partage et des dispositions faites par préciput que l'un des copartagés a un avantage plus grand que la loi ne le permet.

Examinons successivement ces hypothèses :

ARTICLE PREMIER.

OMISSION D'ENFANT.

375. Le partage doit être fait entre tous les descendants qui, se trouvant appelés à la succession de l'ascendant, pourront et voudront l'accepter, à défaut de quoi il est entièrement nul (C. civ., 1078).

376. C'est à l'époque du décès de l'ascendant qu'il faut s'attacher pour apprécier le partage ; ainsi :

Le partage est nul, quoiqu'il ait compris tous les enfants qui devaient y figurer à l'époque de sa confection, par l'omission d'un enfant né postérieurement au partage, même posthume (C. civ., 725, 906, 1078 ; Rouen, 20 déc. 1873).

Le partage est valable malgré l'omission d'un enfant existant lors de la confection du partage, si cet enfant décède sans postérité avant l'ouverture de la succession, ou y renonce, ou en est exclu pour indignité (Aubry et Rau, § 730 ; Demolombe, XXIII, 161 ; Colmar, 28 février 1867).

377. Tous les enfants légitimes ou légitimés, adoptifs ou même naturels, lorsqu'ils sont reconnus, doivent être compris au partage ; l'omission d'un enfant adoptif ou naturel entraîne la nullité du partage, aussi bien que celle d'un enfant légitime ou légitimé (Bonnet, II, 548, Requier, 161).

378. Ceci s'applique aux petits-enfants ou descendants d'un degré plus éloigné appelés à la succession, soit par représentation, soit de leur chef, pour renonciation ou

exclusion des enfants du premier degré (Genty, p. 299; Demolombe, XXIII, 162; Bonnet, 544).

Les petits-enfants ne sont point considérés comme omis dans le partage, lorsque l'enfant dont ils descendent y a été compris; ils sont alors considérés comme ayant été apportionnés dans la personne de leur auteur (Requier, 162; Troplong, 2321).

378 *bis*. La nullité résultant de l'omission d'un enfant est opposable aux tiers-acquéreurs des biens partagés (Lyon, 6 mars 1878; Bonnet, 699).

L'espèce jugée par la Cour de Lyon fait ressortir les dangers que courent les tiers en acquérant d'un enfant les biens donnés par un père, en vertu d'un acte transcrit.

Dans l'affaire, le père de famille, devenu veuf, s'était remarié six ans après le partage et avait eu du second mariage deux enfants qui lui ont survécu; ceux-ci ont opposé la nullité de partage à des tiers acquéreurs sur la saisie pratiquée contre un enfant donataire.

379. Si l'ascendant avait fait donation d'une quote-part de ses biens à son conjoint ou à un étranger (C. civ., 1082, 1091), l'omission du donataire entraînerait la nullité du partage (Genty, p. 301).

380. La nullité prononcée par l'article 1078 du Code civil est radicale, mais elle ne produit son effet qu'au décès de l'ascendant, alors même que le partage est entre vifs (Troplong, 2325).

ARTICLE DEUXIÈME.

LÉSION DE PLUS DU QUART.

381. Comme tout autre partage, celui d'ascendant peut être attaqué pour cause de lésion de plus du quart (C. civ., 1079, 887).

382. L'action en révision n'appartient qu'à celui des

enfants qui est lésé de plus du quart, et le défendeur à la demande en rescision peut en arrêter le cours et empêcher un nouveau partage en offrant le supplément de la portion héréditaire, soit en numéraire, soit en nature, à prendre sur des biens de la succession restés indivis (C. civ., 891 ; Cass., 18 déc. 1855, 25 fév. 1856, 17 août 1863, 22 juillet 1879 ; Requier, 133).

383. Lorsque la révision est prononcée, les enfants lésés de moins du quart en profitent (Cass., 30 juin 1852).

384. C'est la masse des biens partagés qu'il faut considérer pour savoir s'il y a lésion, et non la masse des biens composant le patrimoine de l'ascendant ; il n'y a pas lieu non plus de voir quelle est la quotité disponible ; ainsi :

1° Un homme ayant deux enfants partageant 96,000 fr. de fortune, donne à l'un 61,000 fr. et à l'autre 35,000 fr. seulement ; il aurait pu ne laisser à chacun que 32,000 fr. comme part héréditaire ou la réserve, en disposant du tiers disponible au profit d'un étranger ou de l'un des enfants par préciput ; puisqu'il a fait un partage sans dispenser de rapport l'enfant auquel il a attribué le lot le plus fort, le partage peut être rescindé, attendu que l'enfant qui a reçu 35,000 fr. a moins des 3/4 de 48,000 ou 36,000 fr., quoiqu'il se trouve recevoir plus que la réserve (Cass., 20 déc. 1847, 30 juin 1852).

2° Le même homme donne la quotité disponible à l'un de ses fils, soit 32,000 fr., puis faisant le partage du surplus, il attribue un lot d'une valeur de 42,000 fr. à celui de ses enfants qui n'a rien reçu, et un lot de 22,000 fr. seulement à l'autre, qui est donataire par préciput des 32,000 fr. formant la quotité disponible. Le partage est rescindable dans ce cas où, distraction faite de la quotité disponible à laquelle l'enfant avantagé par préciput a droit, il est lésé de plus du quart sur ce qui lui revient en qualité d'héritier (Caen, 21 mars 1838 ; Grenoble, 8 mai 1835 ; Cass., 30 juin 1852 ; Toulouse, 10 juillet 1862 ; Nîmes, 8 nov. 1864).

385. S'il y a plusieurs partages partiels et successifs, la demande en rescision pour lésion ne peut être admise qu'autant qu'elle est formée contre tous les actes réunis, et que cette lésion ait été éprouvée sur l'ensemble des biens qui y sont compris (Cass., 18 déc. 1854; Troplong, 2238; Bonnet, 571; Demolombe, XXIII, 179).

386. Que le partage soit entre vifs ou testamentaire, l'action en rescision pour cause de lésion n'appartient aux enfants qu'autant qu'ils se portent héritiers (Genty, p. 305; Demolombe, XXIII, 178).

387. L'action doit être rejetée lorsqu'il se trouve dans la succession de l'ascendant des biens indivis suffisants pour réparer la lésion (Cass., 17 août 1863, 29 août 1864).

388. Pour juger s'il y a lésion, on estime les objets suivant leur état au moment du partage et d'après leur valeur à l'époque du décès de l'ascendant, et si les père et mère ont fait le partage en une seule masse, la valeur qui doit servir de base est celle du jour du décès du survivant; — il en est de même si les biens de l'époux prédécédé ont été confondus en une masse unique avec ceux du survivant (Cass., 4 juin 1862, 28 juin, 29 août 1864, 18 juin 1867, 25 août 1869, 27 juillet 1874, 15 mai, 26 déc. 1876; Rouen, 14 mars 1864; Bordeaux, 8 mai 1878, 3 mai 1865; Limoges, 3 déc. 1868; Bourges, 22 déc. 1879).

389. Le juge, après avoir constaté l'existence de la lésion, ne pouvait ordonner qu'elle sera réparée au moyen d'une indemnité à fournir par le défendeur; les biens doivent être remis en commun, pour qu'il soit procédé à un nouveau partage (Demolombe, XXIII, 184; Aubry et Rau, § 734; Bonnet, 591).

ARTICLE TROISIÈME.

AVANTAGE EXCESSIF.

390. Le partage d'ascendant peut être attaqué dans le

cas où il résulte du partage et des dispositions faites par préciput que l'un des copartagés a un avantage plus grand que la loi ne le permet (C. civ., 1079).

391. Voici un exemple qui fera saisir dans quel cas le partage est attaquable :

Un père ayant deux enfants et 30,000 fr. de fortune donne d'abord directement par préciput la quotité disponible ou 10,000 fr. à l'un d'eux. Ensuite il fait un partage des 20,000 fr. restant qui forment la réserve de ses enfants ; partage par lequel il attribue un lot de 12,000 fr. à celui qui a reçu la quotité disponible, et à l'autre un lot de 8,000 fr. seulement.

Ainsi la loi a prévu le cas où le père de famille, se laissant entraîner par une préférence exclusive, favoriserait dans le partage de ses biens l'enfant à qui il a déjà fait un don par préciput, et lui procurerait par cette double libéralité un avantage excédant la quotité disponible. Et elle a voulu protéger les enfants réduits à la réserve légale contre les avantages excessifs faits à l'enfant donataire du disponible (Demolombe, XXIII, 188).

392. L'action dont il est ici question est une action en réduction régie par les articles 920 et suivants du Code civil ; elle n'a d'autre objet que de ramener au taux de la quotité disponible les avantages excessifs faits à l'un des copartagés ; elle n'a pas pour effet l'anéantissement du partage, mais seulement sa rectification dans la mesure nécessaire pour compléter la réserve du demandeur.

On en déduit les conséquences suivantes :

1° Cette action n'a pas pour objet de faire rescinder le partage, mais seulement de faire obtenir au demandeur le complément de sa réserve (Cass., 30 juin 1852, 1er mai 1861, 17 août 1863 ; Nîmes, 7 avril 1856 ; Agen, 14 mai 1851 ; Caen, 31 janv. 1848 ; Aubry et Rau, § 734 ; Perrier, *Revue critique*, XXII, p. 319).

2° Qu'elle doit être dirigée exclusivement contre l'enfant avantagé, sans qu'il y ait lieu de mettre en cause les autres copartagés (Agen, 28 mai 1850; Requier, 219; Aubry et Rau, *loc. cit.*).

3° Que le défendeur à l'action ne peut en arrêter le cours au moyen de l'offre d'une indemnité pécuniaire, et que le demandeur a droit à un supplément sur corps héréditaire, lors même que l'ascendant aurait manifesté une volonté contraire (Cass., 17 août 1863; 16 août 1873; Rouen, 14 juin 1836).

4° Que la confirmation expresse ou tacite du partage par l'enfant, dont la réserve est entamée, n'emporte pas nécessairement de sa part renonciation à cette action (Montpellier, 23 déc. 1846; Caen, 31 déc. 1848; Agen, 28 mai 1850).

Un parti considérable dans la doctrine enseigne que l'action basée sur l'avantage excessif fait à l'un des copartagés est une action en rescision du partage et non celle en réduction régie par l'article 920 (Troplong, 2333; Demolombe, XXIII, 189; Bonnet, 599); mais la jurisprudence s'est toujours prononcée contre cette interprétation (Cass., 20 décembre 1847, 30 juin 1852, 17 août 1863).

393. Pour que le partage puisse être attaqué, il faut que l'avantage portant atteinte à la réserve ait été fait à l'enfant donataire par préciput. Si celui-ci n'a reçu dans le partage que la portion qui devait lui revenir, les autres ne pourront se plaindre.

394. Mais il importe peu, pour la recevabilité de l'action, que la disposition préciputaire au profit de l'un des copartagés ait eu lieu dans l'acte même de partage ou qu'elle se trouve être antérieure ou postérieure (Requier, 220; Genty, p. 310).

395. Comme au cas de lésion supérieure au quart, pour l'appréciation de l'avantage excessif, les biens doivent être estimés d'après leur état à l'époque du partage entre vifs et d'après leur valeur au jour du décès de l'ascendant.

396. L'estimation faite au décès est la base de fixation de la quotité disponible, et non une licitation qui a

eu lieu entre les héritiers (C. civ., 922; Cass., 16 juillet 1879).

§ 3.

FRAIS DES ACTIONS DIRIGÉES CONTRE LE PARTAGE D'ASCENDANTS.

397. La loi a voulu prévenir, autant que possible, les actions téméraires par lesquelles les enfants, dans un accès de mauvaise humeur et de jalousie, seraient tentés d'attaquer le partage fait par leur ascendant.

En conséquence, l'enfant qui attaque le partage pour lésion ou pour avantage excessif (C. civ., 1079) doit faire l'avance des frais d'estimation (C. civ., 1080).

398. Les frais de l'estimation et les dépens de la contestation sont supportés par l'enfant demandeur s'il succombe (C. civ., 1080).

399. L'enfant demandeur n'est pas obligé de consigner le montant des frais (Riom, 10 mai 1851; *contra* Lyon, 18 avril 1860), mais le juge pourrait prescrire des mesures conservatoires à l'effet d'assurer l'accomplissement de l'obligation que la loi impose au demandeur, par exemple en ordonnant un dépôt au greffe (Dalloz, *Rep. alph.*, 4626; Bonnet, 725).

400. Lorsque le demandeur obtient gain de cause, les frais qu'il a avancés lui sont remboursés; et, pour les dépens, dans ce cas, il y a lieu d'appliquer les articles 130 et 131 du C. pr. civ. (Genty, p. 330; Demolombe, XXIII, 209).

401. Ce qui vient d'être dit ne s'applique pas aux actions en nullité fondées sur la prétérition d'un enfant, l'erreur, le dol ou la violence; pour toutes ces actions on reste dans les termes du droit commun (Troplong, IV, 2339; Demolombe, XXIII, 213; Bonnet, 728).

§ 4.

OUVERTURE ET DURÉE DES ACTIONS.

ARTICLE PREMIER.

PARTAGE TESTAMENTAIRE.

402. Lorsqu'il s'agit d'un partage fait par testament, les actions en nullité, rescision ou réduction, ne peuvent évidemment s'ouvrir qu'à la mort de l'ascendant testateur (C. civ., 895).

403. Ces actions se prescrivent par trente ans seulement, à compter du décès de l'ascendant testateur, quel que soit leur fondement : prétérition d'un enfant (C. civ., 1077); mode de répartition des biens (C. civ., 832); lésion de plus du quart, atteinte à la réserve (C. civ., 1078); la prescription de dix ans, édictée par l'article 1304 du Code civil, n'étant applicable qu'aux conventions (C. civ., 2262; Cass., 27 nov. 1857; Aubry et Rau, § 734; Demolombe, XXIII, 216; Requier, 229; Bonnet, 616 et 619; Colmet de Santerre, IV, 227 *bis;* Genty, n° 55; Lyon-Caen, 110).

ARTICLE DEUXIÈME.

PARTAGE ENTRE VIFS.

404. A l'égard du partage entre vifs, ce n'est en général qu'à l'époque du décès de l'ascendant que naissent les actions des enfants, soit pour n'avoir pas été compris dans le partage; soit pour lésion, atteinte à la réserve, mode

de séparation des biens (Cass., 13 fév. 1860, 4 juin 1862, 7 janv. 1863, 28 juin, 29 août 1864).

405. On avait d'abord enseigné que les actions s'ouvraient du jour même de la donation entre vifs (Cass., 12 juillet 1836, 4 fév. 1845); que du moins l'action en rescision pour cause de lésion est ouverte à partir du partage (Grenoble, 30 juillet 1839, 6 mai 1842; Nîmes, 12 juillet 1842; Bordeaux, 26 déc. 1845; Douai, 24 janv. 1846; Montpellier, 22 déc. 1846).

Mais ces systèmes sont complètement abandonnés par la jurisprudence, qui admet maintenant que les actions contre le partage entre vifs ne peuvent être exercées qu'au décès de l'ascendant.

406. De ce principe on doit conclure :

Que la prescription contre ces actions ne commence à courir qu'à dater du décès de l'ascendant (C. civ., 1304; Lyon, 30 août 1848; Cass., 28 fév. 1855; Besançon, 23 mars 1880).

Que la ratification donnée par les enfants, avant le décès de l'ascendant, ne peut leur être opposée (Caen, 15 juin 1835; Toulouse, 3 déc. 1844; Bastia, 10 avril 1854; Cass., 6 fév. 1860).

Qu'après le décès de l'ascendant, les enfants peuvent renoncer à leur action en nullité ou en rescision par une ratification, suivant les règles du droit commun (C. civ., 1338, 892; Cass., 18 fév. 1851, 9 mai 1855).

407. Mais il arrive fréquemment :

1° Que le père ou la mère survivant, fait par donation entre vifs le partage de ses biens et de ceux de son conjoint prédécédé, confondus en une seule masse, sans distinction d'origine.

2° Que les père et mère font ensemble le partage de leurs biens, confondus en une masse unique, pour faciliter la division entre les enfants.

409. Dans ces hypothèses, après certaines hésitations, la jurisprudence décide que du moment où les biens du

père et de la mère ont été confondus, la prescription ne commence à courir, et la ratification n'est possible, qu'à partir du décès du dernier mourant des ascendants (Cass., 19 déc. 1859, 11 juin 1872, 25 février 1878; Agen, 1er juin 1864; Poitiers, 5 mars 1862; Chambéry, 23 juillet 1873; Toulouse, 26 juillet 1878).

410. Ceci ne s'applique évidemment qu'à l'hypothèse où la répartition des biens émane de l'ascendant lui-même, car si les enfants avaient procédé personnellement, par un acte spécial, au partage des biens, il serait rescindable pour lésion du jour même de sa signature (Cass., 16 janv. 1867; Lyon, 23 mai 1868; Bordeaux, 8 mars 1870).

411. La confirmation ou ratification du partage n'est efficace qu'à la condition d'avoir eu lieu de la part du descendant lésé, en connaissance de la lésion (Cass., 25 nov. 1857, 14 mars 1866; Requier, n° 247).

412. L'aliénation faite par le descendant lésé d'objets composant son lot, n'élève, lorsqu'elle a eu lieu du vivant de l'ascendant, aucune fin de non-recevoir contre l'action en rescision de ce partage (Cass., 6 février 1860, 30 novembre 1868, 11 juin 1872; Bourges, 22 décembre 1879).

413. On décide de même que l'aliénation, par l'ascendant lésé, après le décès de l'ascendant, n'entraîne pas renonciation à l'action en rescision, à moins qu'il ne soit établi que l'aliénation a eu lieu en connaissance de la lésion (Cass., 13 fév. 1851, 9 mai 1855; Nîmes, 22 avril 1858; Poitiers, 5 mars 1862; Bonnet, 667).

414. Quant à la durée des actions contre le partage entre vifs, elle est de trente ans, s'il s'agit de réduction pour atteinte à la réserve ou omission d'enfant, et de dix ans seulement pour lésion, soit en valeur, soit en nature (C. civ., 887, 1304, 2262; Cass., 1er mai 1861; Besançon, 23 mars 1880; Aubry et Rau, § 734; Requier, 237).

415. Toutefois, à l'égard du descendant mineur ou interdit, le délai ne commence à courir que du jour de la majorité ou de la levée de l'interdiction (C. civ., 1304).

§ 5.

EFFETS DES NULLITÉS ET RESCISIONS.

416. Le partage annulé ou rescindé est non avenu; il y a lieu d'en faire un autre; pour cet effet, on reconstitue la masse partageable et chacun doit restituer les biens qu'il a reçus et qui formaient son lot.

417. Les règles du rapport et de la révision du partage de succession sont en général applicables (C. civ., 858 et suiv., 887 et suiv.).

418. Quand les biens ont été attribués à l'un des enfants qui a payé une somme d'argent aux autres pour leur part, ceux-ci rapportent la somme qu'ils ont reçue (C. civ., 829; Grenoble, 10 août 1864).

419. L'annulation ou la rescision du partage entre vifs ne profite ni aux légataires, ni aux créanciers de la succession (C. civ., 857), et en renonçant à la succession, chacun des enfants pourrait retenir les biens qui lui ont été donnés jusqu'à concurrence de la quotité disponible (Genty, p. 285; Demolombe, XXIII, 238).

420. La restitution des fruits perçus par les enfants sur les biens objet du partage nul ou rescindé, doit comprendre tout ce qui a été reçu à compter de la demande (Cass., 8 fév. 1830), à moins qu'ils ne soient déclarés avoir possédé de mauvaise foi; dans ce cas, même s'il s'agissait d'un partage entre vifs, ils ne devraient les fruits que du jour de l'ouverture de la succession (C. civ., 856; Rouen, 9 mars 1855; Cass., 11 juillet 1866; Aubry et Rau, § 734; Requier, 206 *bis;* Bonnet, 693, 694).

421. La donation ou le legs d'un objet quelconque, fait par l'ascendant à l'un des enfants, par l'acte annulé ou rescindé, est maintenue, lorsqu'elle est faite à titre préciputaire, en termes indépendants du partage (Bordeaux,

20 août 1853; Agen, 16 fév. 1857, 1er juin 1858; Requier, 204).

422. Mais si l'acte renferme seulement le don ou le legs, de la différence en valeur qui peut exister entre l'apportionnement de l'un et les attributions des autres, cet avantage n'a pas une existence distincte et doit tomber avec le partage (Cass., 3 juin 1863; Caen, 16 fév. 1857).

§ 6.

RATIFICATION DES PARTAGES.

423. La donation, nulle en la forme, ne peut être ratifiée par le donateur (C. civ., 1339; Cass., 6 juin 1821).

424. Un tel acte, pour valoir, doit être refait en la forme légale; c'est ce qui arrive notamment quand le partage d'ascendant entre vifs a été rédigé par acte sous signatures privées ou n'a pas été accepté expressément par tous les enfants (C. civ., 931, 932).

425. Les héritiers ou ayants cause du donateur peuvent, après son décès, confirmer la donation, soit expressément, soit en l'exécutant volontairement, et cette confirmation emporte leur renonciation à opposer les vices de forme ou toute autre exception (C. civ., 1340; Cass., 6 juillet 1869); mais il faut, bien entendu, que la ratification ou l'exécution ait eu lieu avec la connaissance du vice et avec l'intention de le réparer (Cass., 31 janv. 1844, 29 juillet 1856; Lyon, 6 août 1857, 8 fév. 1867).

426. Quant à la donation entachée de nullité pour incapacité, dol, erreur ou violence, elle peut être ratifiée par le donateur (Cass., 21 mars 1826).

427. Le vice donnant naissance à l'action en nullité ou en rescision ne peut être couvert qu'après la cessation de l'incapacité.

Il en est ainsi du partage d'ascendant entre vifs, fait par

une femme dotale, incapable d'aliéner ses biens dotaux, et qui ne recouvre sa capacité qu'après la mort de son mari.

428. Le partage d'ascendant peut être ratifié, mais seulement postérieurement au décès de l'ascendant, par les enfants ou descendants qui auraient le droit de l'attaquer (Cass., 6 fév. 1860).

429. Cette ratification est expresse ou tacite ; la ratification expresse résulte d'un acte portant renonciation à la faculté de se prévaloir de la nullité du partage ou d'en demander la rescision (C. civ., 1338).

La ratification d'une donation ne peut résulter de la seule connaissance que les héritiers en ont eue et du silence qu'ils ont gardé sur les vices dont elle est atteinte (Cass., 12 juin 1839).

Mais la ratification tacite ressort de l'exécution volontaire du partage, faite avec la connaissance du vice qui rendait ce partage nul ou rescindable et avec l'intention de couvrir ce vice (Cass., 4 déc. 1850, 28 fév. 1855, 9 mai 1855, 25 nov. 1857, 14 mars 1866).

430. Les actes d'exécution, qui doivent être considérés comme une ratification, sont laissés à l'appréciation du juge, ainsi :

1° L'aliénation par un copartagé de tout ou partie de son lot ne couvre que le vice de violence ou de dol (C. civ., 892 ; Cass., 5 janv. 1846, 18 fév. 1851, 9 mai 1855 ; Poitiers, 5 mars 1862).

2° La réception par le copartagé, en capital et intérêts, des sommes qui lui avaient été attribuées à titre de soulte ou pour complément de son lot, opère ratification tacite du partage (Bordeaux, 23 mars 1853 ; Agen, 28 fév. 1849, 29 nov. 1852 ; Cass., 29 août 1864).

3° Le paiement par un copartagé, des intérêts d'une soulte mise à sa charge, est une ratification tacite (Cass., 22 fév. 1854).

4° L'apport en mariage par un copartagé du lot qui lui a été attribué, et l'abatis peu considérable de bois fait sur l'un des immeubles qui composaient son lot, sont des actes insuffisants pour constituer une ratification tacite (Caen, 31 janv. 1848).

5° La réception par l'un des copartagés des intérêts d'une somme que le partage lui a attribuée, ne suffit pas pour opérer ratification (Agen, 18 avril 1849).

431. D'ailleurs la ratification n'est valable qu'autant qu'elle émane d'une personne ayant la libre disposition de ses biens.

Une femme mariée sous le régime dotal, avec constitution de tous biens présents et à venir, ne peut confirmer le partage entaché de lésion à son préjudice (Cass., 2 juillet 1866; Laurent, xv, 133).

432. Les descendants, tous majeurs et libres, peuvent convenir, après le décès de l'ascendant, d'exécuter son partage testamentaire, malgré les nullités de forme dont il serait entaché. Les descendants se trouveraient liés par un tel acte.

Nous répéterons ici ce qui a été déjà dit plus haut : après le décès de l'ascendant, donateur ou testateur, les enfants doivent confirmer expressément, dans un acte spécial, les attributions contenues au partage d'ascendant.

TITRE SIXIÈME.

TRANSCRIPTION DES PARTAGES.

---

§ 1er.

PARTAGE ENTRE VIFS ORDINAIRE.

433. Tout partage d'ascendant entre vifs de biens susceptibles d'hypothèque doit être transcrit, ainsi que son acceptation et la notification qui en auraient lieu, par acte séparé, au bureau des hypothèques dans l'arrondissement duquel les biens sont situés (C. civ., 939).

434. Le partage entre vifs de servitudes, droit d'usage ou d'habitation, est aussi soumis à la transcription (l. 23 mars 1855, art. 11; Caen, 19 mai 1853; Riom, 23 mai 1842; Mourlon, *Transcription*, I, 113; Coin-Delisle, art. 939, nº 11; C. Aubry et Rau, § 704; Demolombe, XX, 249).

435. Aussi bien que la donation de droits successifs, comprenant des biens susceptibles d'hypothèque (Cass., 21 janv. 1839; Demolombe, XX, 252; Flandin, I, 197).

436. Les jugements prononçant la nullité ou la révocation d'un partage entre vifs, transcrit, sont soumis à la transcription par la loi du 23 mars 1855.

437. La transcription des partages est faite à la diligence du mari, pour les biens donnés à sa femme; si le mari ne remplissait pas la formalité, la femme pourrait y faire procéder sans autorisation.

438. Lorsque la donation est faite à des mineurs ou interdits, la transcription a lieu à la diligence des tuteurs (C. civ., 940).

439. Les mineurs, les interdits, les femmes mariées, ne sont point restitués contre le défaut de transcription, sauf leur recours contre leurs tuteurs ou maris, s'il y échet, et sans que la restitution puisse avoir lieu dans le cas où les tuteurs et maris se trouveraient insolvables (C. civ., 942).

440. Le donataire étant la partie intéressée à l'accomplissement de cette formalité, c'est à lui, s'il est majeur, qu'il appartient de l'accomplir.

441. Si le donataire est incapable, il peut aussi, malgré cette incapacité, requérir la transcription, en vertu des articles 940, 2139 et 2194 du Code civil (Aubry et Rau, § 704; Demolombe, xx, 261.

D'ailleurs, les personnes qui ont le pouvoir d'accepter la donation faite à une personne incapable, contractent, en usant de ce pouvoir, l'obligation de requérir la transcription.

Il en est ainsi notamment de l'ascendant qui a accepté pour son descendant mineur (C. civ., 1372, 1984, 1991; Demolombe, xx, 282).

442. Quant à la responsabilité encourue par les tuteurs, maris et ascendants, pour défaut de transcription, elle n'est applicable qu'au cas où le défaut a causé un dommage au donataire (C. civ., 1146, 1382; Aubry et Rau, § 704).

443. La transcription peut avoir lieu à toute époque, même après la mort du donateur, sauf au donataire à subir les conséquences du retard apporté à l'accomplissement de la formalité : par exemple si le donateur consentait des ventes ou des hypothèques, ou encore venait à être déclaré en faillite.

444. On décide généralement que le partage d'ascendant fait par une personne depuis tombée en faillite, ne peut

être utilement transcrit après l'époque de la cessation des paiements (Rivière, C. comm., p. 700; Amiens, 18 août 1858; Cass., 23 novembre 1859).

445. Plusieurs décisions enseignent que le partage est valablement transcrit avant le jugement déclaratif, quoique postérieurement à la cessation des paiements, alors surtout que la transcription est faite dans la quinzaine du partage (C. comm., 448; Cass., 26 novembre 1845, 24 mai 1848; Rouen, 7 avril 1856; Montpellier, 4 juin 1864).

446. Au point de vue pratique, il est prudent, en général, de faire transcrire immédiatement.

447. Entre les parties, la transcription n'est point une condition de forme prescrite pour la validité de la donation partage.

448. Mais le défaut de transcription peut être opposé par toutes personnes ayant intérêt à faire tomber la donation, pour assurer l'exercice de certains droits ou créances qu'elles auraient à faire valoir sur les biens donnés (C. civ., 941; Cass., 10 avril 1815; Pau, 2 mai 1860).

449. Ainsi peuvent opposer le défaut de transcription :

1° Les acquéreurs à titre onéreux du donateur, soit de l'immeuble donné, soit d'un droit réel, tel qu'usufruit, servitude, usage, habitation sur l'immeuble (Cass., 19 juillet 1838; Aubry et Rau, § 704; Demolombe, xx, 294).

2° Les créanciers du donateur :

En vertu d'un titre hypothécaire (Montpellier, 7 février 1868);

Ou en vertu d'un simple titre chirographaire, à la condition de justifier d'un intérêt né, à se prévaloir du défaut de transcription, par une main-mise, soit par la saisie immobilière, même non encore transcrite, soit par la saisie-brandon des fruits de l'immeuble donné, soit encore par la déclaration de faillite du donateur (C. pr., 626, 678, 686; C. comm., 461; Cass., 7 avril 1841, 24 mai 1848, 23 novembre 1859; Caen., 19 février 1841; Bordeaux, 26 février 1851; Grenoble, 9 décembre 1850; Limoges,

9 mars 1843, 28 février 1879; Demante, IV, 82; Demolombe, XX, 300; Aubry et Rau, § 704. — *Contra*, Amiens, 3 août 1844; Bourges, 9 août 1847; Marcadé, art. 941; Flandin, II, 956).

Il n'y a pas à distinguer si les titres des créanciers sont antérieurs à la donation ou s'ils sont postérieurs (Cass., 4 juin 1830; Paris, 16 janvier 1832; Grenoble, 16 décembre 1844; Riom, 7 décembre 1848; Rouen, 24 novembre 1852; Demolombe, XX, 302).

Le créancier du donateur ne serait plus recevable à opposer le défaut de transcription, si, après la notification de la vente consentie par le donataire, il n'avait opposé aucune réclamation et avait même produit dans l'ordre pour y exercer ses droits (Chambéry, 22 janvier 1868).

450. Si une donation a été faite à un mineur ou à un interdit par son tuteur, les créanciers du tuteur ont le droit d'opposer le défaut de transcription (Cass., 4 janvier 1830, 10 mars 1840; Angers, 10 mars 1841; Aubry et Rau, § 704; Demolombe, XX, 329).

451. Un donataire d'immeuble compris dans la donation précédente, paraît aussi avoir le droit d'opposer le défaut de transcription, comme ayant intérêt (Colmar, 6 juillet 1848; Bordeaux, 1er février 1849; Nîmes, 31 décembre 1850; Grenoble, 17 janvier 1867; Pau, 29 mars 1871; Aubry et Rau, § 704, note 29; Demolombe, XX, 298; Mourlon, *Répert.*, II, p. 346; Flandin, *Transc.*, 938).

Une autre opinion enseigne que le donataire postérieur, étant l'ayant cause du donateur, ne peut opposer le défaut de transcription de la première donation (Montpellier, 2 juin 1831; Toulouse, 21 mai 1847; Besançon, 6 juin 1854; Bordeaux, 28 août 1863; Marcadé, art. 941; Troplong, III, 1177; Demante, IV, 82 *bis*).

Il nous semble que la première opinion doit être suivie de préférence.

452. Le donateur étant lié envers le donataire par le seul consentement des parties, ne peut évidemment

opposer le défaut de transcription (C. civ., 938, 941; Demolombe, xx, 316).

453. Les successeurs universels, à titre universel, et les légataires particuliers du donateur, n'ont pas la possibilité d'user du défaut de transcription (Cass., 12 décembre 1810, 23 août 1814; Agen, 8 novembre 1822; Paris, 21 novembre 1840; Toulouse, 8 mai 1847; Besançon, 6 juin 1854; Demolombe, xx, 310; Demante, IV, 82 *bis*. — *Contra*, Toulouse, 28 juillet 1853).

Ni les créanciers des héritiers ou successeurs du donateur (Paris, 21 novembre 1840; Demolombe, xx, 311; Flandin, 11,934; Dalloz, 1574).

454. Il est d'évidence que le donataire ne peut invoquer un intérêt légitime pour opposer le défaut de transcription (Poitiers, 19 juin 1851; Toulouse, 28 juillet 1853; Paris, 2 janvier 1854; Orléans, 31 mars 1860; Cassation, 1er mai 1861; Aubry et Rau, § 704; Flandin, 11,969).

Ses créanciers ne peuvent non plus l'opposer (Cass., 15 janvier 1868, 21 juillet 1868, 26 janvier 1876; Angers, 17 février 1869; Rennes, 10 janvier 1877).

Ni en général les personnes qui sont chargées de faire faire la transcription ou leurs ayants cause (C. civ., 941).

455. La donation ayant été faite par l'ascendant à une femme mariée, à un mineur ou à un interdit, les successeurs particuliers ou les créanciers du mari ou du tuteur ne peuvent opposer le défaut de transcription (Agen, 15 décembre 1851; Paris, 2 janvier 1854; Orléans, 6 juin 1868; Colmar, 26 novembre 1868; Demolombe, xx, 325; Aubry et Rau, § 704).

456. Les tiers autorisés à opposer le défaut de transcription pourraient être déclarés non recevables à arguer du non accomplissement de cette formalité :

1° S'ils avaient renoncé au droit de l'opposer (C. civ., 1134; Paris, 2 mai 1860);

2° S'ils avaient commis une fraude de concert avec le donateur, dans le but d'anéantir les effets de la donation au préjudice du donataire ou de ses créanciers (C. civ., 1137, 1382; Cass., 4 juin 1823; Angers, 13 mars 1830; Riom, 17 juillet 1846; Nancy, 27 juillet 1875; Demolombe, xx, 314).

§ 2.

PARTAGE CONTENANT SUBSTITUTION.

457. En général, les dispositions testamentaires ne sont pas soumises à la transcription. Il en est autrement du partage testamentaire contenant substitution; cet acte, aussi bien que le partage entre vifs, doit être transcrit.

458. Lorsque la formalité de transcription a été remplie, les tiers qui ont traité avec le grevé ne sont pas recevables à prétexter de l'ignorance de la substitution (C. civ., 1069).

459. En conséquence, les droits qu'ils auraient acquis du grevé, sur les biens qui s'y trouvent compris, sont résolus, comme le droit de leur auteur, par l'ouverture de la substitution (Comp. Orléans, 1er février 1876).

460. Le défaut de transcription ne saurait être suppléé, ni regardé comme couvert, par la connaissance que les tiers intéressés pourraient avoir eue de la disposition, par d'autres voies que celle de la transcription (C. civ., 1071).

461. Par quels ayants cause, soit du grevé, soit du disposant, peut être opposé le défaut de transcription?

L'article 1070 dit que les créanciers et les tiers acquéreurs du grevé peuvent l'opposer.

Que les créanciers soient hypothécaires ou chirographaires, peu importe (Demolombe, xxii, 537; Colmet de Santerre, iv, 233 *bis*).

Par tiers acquéreurs, on entend ceux qui ont acquis, à titre onéreux, des immeubles compris dans la substitution, ou au profit desquels le grevé aurait constitué un droit réel d'usufruit, de servitude ou de bail à longue durée (Demolombe, XXII, 538; Aubry et Rau, § 696, 2°, *d*; Troplong, IV, 2285).

462. Les droits ainsi acquis par les créanciers et acquéreurs devraient être maintenus, dans le cas où le grevé serait ultérieurement déclaré déchu du bénéfice de la disposition (Caen, 1er juillet 1856).

463. Les créanciers et tiers acquéreurs du disposant peuvent aussi opposer le défaut de transcription, tant au grevé qu'aux appelés (C. civ., 941, 1070; Demolombe, XXII, 540; Aubry et Rau, § 636).

464. Mais les ayants cause à titre gratuit, c'est-à-dire les donataires, légataires ou héritiers, soit du disposant, soit du grevé, seraient non recevables à opposer le défaut de transcription (C. civ., 1072; Demolombe, Aubry et Rau, *loc. cit.*; Troplong, IV, 2290).

465. Nous avons vu (n° 451) que le défaut de transcription d'une donation ordinaire peut être opposé par un donataire d'immeubles compris dans une précédente donation.

L'article 1072 refuse ce droit au donataire de l'auteur d'une substitution. C'est là une disposition d'une nature tout à fait exceptionnelle, et qui ne paraît pas suffisamment justifiée par l'intérêt des appelés (Demolombe, XXII, 544; Demante, IV, 237; Grenier, I, 380; Aubry et Rau, § 636, note 58).

466. Les appelés auxquels les tiers opposeraient le défaut de transcription, ne pourraient être relevés des conséquences de cette omission, alors même qu'ils seraient mineurs ou interdits, et que le grevé, de même que le tuteur, se trouveraient tous deux insolvables (C. civ., 1070).

§ 3.

EFFETS DE LA TRANSCRIPTION SUR LES ALIÉNATIONS ET HYPOTHÈQUES PENDANT LA VIE DE L'ASCENDANT.

467. A compter de sa transcription, le partage d'ascendant entre vifs est opposable à tous ceux qui n'avaient pas encore, lors de cette formalité, un intérêt ouvert à en méconnaître l'existence (Demolombe, xx, 242, 331, 332; Marie et Vergé, § 480, note 10; Rennes, 22 juin 1861; Aubry et Rau, § 704).

468. Mais rien ne peut suppléer la transcription à l'égard des tiers qui peuvent toujours s'en prévaloir, malgré la connaissance de fait qu'ils auraient eue de l'existence de la donation (Cass., 21 février 1828, 28 décembre 1835; Limoges, 16 mai 1839; Montpellier, 9 mai 1843; Paris, 2 mai 1860; Demolombe, xx, 313; Troplong, III, 1183; l. 23 mars 1855, art. 11).

469. Ainsi la transcription du partage entre vifs ne peut être remplacée, vis-à-vis des tiers, par la transcription du contrat de vente, consenti par le donataire, alors même que la donation y serait mentionnée (Cass. 21 févr. 1828).

470. Si l'ascendant donateur vend ou hypothèque les immeubles donnés, conjointement avec le donataire, son intervention couvre le défaut de transcription (Bordeaux, 12 février 1854; Amiens, 18 août 1858; Paris, 3 février 1855, 2 mai 1860, 29 janvier 1863).

Le tiers acquéreur ou prêteur obtenant ainsi le concours simultané du propriétaire réel et du propriétaire putatif, l'aliénation ou l'hypothèque est parfaite et à l'abri de tout recours. C'est un point qui n'a jamais fait doute en pratique.

Ajoutons cependant que l'opinion contraire, émise par

la *Revue du notariat* (n° 388), a été approuvée par M. Demolombe (xx, 314 *bis*), qui ne la justifie pas.

471. Il est toujours bien entendu que si les parties avaient agi dans le but de frauder les droits acquis à des tiers, les actes faits pourraient être impugnés (Paris, 23 juin 1881).

472. Un arrêt a décidé que le concours du donateur, à la vente consentie par le donataire, ne fait pas obstacle à l'exercice de l'hypothèque légale de la femme de ce dernier (Nancy, 27 juillet 1875).

473. Au cas où le donataire a consenti successivement deux hypothèques sur un immeuble provenant d'une donation-partage non transcrite, le second créancier, qui est son ayant-cause, ne peut opposer le défaut de transcription au premier créancier, alors même qu'il aurait obtenu le cautionnement du donateur avec hypothèque sur cet immeuble, si le cautionnement est purement hypothécaire, sans engagement personnel du donateur, ou avec condition que l'engagement ne sera exécutoire qu'après sa mort (Cass., 26 janvier 1876; Rennes, 10 janvier 1877; comp. Nancy, 27 juillet 1875; Paris, 23 juin 1881).

474. En pratique, il est prudent d'agir comme si le donateur et le donataire se trouvaient en même temps propriétaires de l'immeuble provenant du partage d'ascendant non transcrit; malgré les inconvénients que peut présenter ce procédé, nous pensions que seul il offre une sécurité complète aux tiers.

TITRE SEPTIÈME.

HONORAIRES.

475. Les honoraires alloués aux notaires, pour les partages d'ascendants, n'ont pas été déterminés par les tarifs légaux; mais il existe dans chaque arrondissement des règlements spéciaux, élaborés par les assemblées générales.

Ayant comparé un grand nombre de ces tarifs, nous pouvons dire que s'ils ne présentent pas des règles entièrement uniformes, on n'y trouve pas non plus de notables différences dans le taux de la rémunération.

Nous allons donner les chiffres relevés dans la majorité de ces tarifs, avec quelques notions spéciales sur le mode de perception généralement suivi.

476. Les honoraires sont fixes ou proportionnels.

Le partage entre vifs et le partage testamentaire, lors de son exécution, donnent lieu à la perception des honoraires proportionnels.

Ces honoraires sont de 1 °/₀ sur la valeur vénale brute des biens partagés, par acte entre vifs ou par testament authentique.

Ils sont réduits à 50 c. °/₀ sur les biens distribués par testament olographe ou mystique.

Au-dessus de 100,000 fr., les honoraires décroissent de moitié.

Si le partage entre vifs renferme la division entre les enfants, non-seulement des biens donnés par l'ascendant, mais encore de biens ayant une autre origine, les honoraires se perçoivent sur les derniers comme sur les premiers, et au même taux.

Quand le partage entre vifs est divisé en deux actes distincts, donation et partage, les honoraires pour les deux actes n'excèdent pas 1 %, pourvu que les deux opérations aient lieu à très-peu d'intervalle; s'il en était autrement, le partage donnerait lieu à une rémunération spéciale.

477. Les honoraires fixes sont dus pour la rédaction du partage testamentaire, des acceptations, ratifications, révocations, procurations et autres actes de même nature.

Ils sont de une ou de plusieurs vacations, suivant les circonstances particulières et les difficultés de l'opération.

Si le partage entre vifs ne contient pas l'acceptation des donataires, le notaire n'a droit qu'à l'honoraire fixe; c'est seulement lors de l'acceptation que l'honoraire proportionnel est acquis (*Dict. not.*; Honor., 56).

Outre les honoraires de la minute, il est dû aux notaires un droit particulier, à raison de tant par rôle, pour la délivrance des grosses expéditions et extraits. A Paris, le coût de la première expédition est compris dans les honoraires proportionnels.

Lorsque deux notaires concourent en nom à un même acte, les honoraires proportionnels se partagent par moitié, mais non les droits de rôle, qui restent au notaire détenteur de la minute. Il y a cependant quelques règlements prescrivant le partage des droits de rôle entre les deux notaires.

Dans les actes rétribués à la vacation, chaque notaire perçoit les siennes.

D'après les tarifs du 16 février 1807, les vacations et rôles sont taxés:

A Paris, Lyon, Bordeaux, Rouen, Marseille, Lille, Nantes et Toulouse: rôles, 3 fr.; vacation, 9 fr.

Dans les villes où il y a une Cour d'appel et dans celles

dont la population excède 30,000 âmes : rôles, 2 fr. 70 c.; vacation, 8 fr. 10 c.

Dans les villes où il y a un tribunal de première instance : rôles, 2 fr.; vacation, 6 fr.

Partout ailleurs : rôles, 1 fr. 50; vacation, 4 fr.

478. Les frais et honoraires des partages d'ascendants sont acquittés par les descendants;

Ceux occasionnés par les soultes mises à la charge de l'un des enfants doivent être payés par le débiteur des soultes, à moins de clause contraire.

479. Les honoraires sont réglés à l'amiable entre le notaire et les parties; mais celles-ci peuvent recourir à la taxe, même après règlement, car la taxe est d'ordre public, contre le notaire (Cass., 1er décembre 1841, 22 août 1854).

Le délai du recours en taxe, qui était de 30 ans, vient d'être réduit par une loi récente.

Nous renvoyons les lecteurs désireux d'approfondir la matière aux ouvrages spéciaux suivants :

Albert Amiaud : *Tarif général des notaires.*

Ch. Lansel : *Étude sur les honoraires des notaires* (Extrait de l'*Encyclopédie du notariat*).

TITRE HUITIÈME.

ENREGISTREMENT.

§ 1er.

PARTAGE ENTRE VIFS.

ARTICLE PREMIER.

TAUX ET LIQUIDATION DES DROITS.

I. – Tarif.

1ent. *Ancienne législation.*

480. Avant la Révolution, les partages d'ascendants et les démissions de biens étaient assujettis à divers impôts, connus sous le nom de contrôle, insinuation, centième denier, etc., établis par de nombreux édits, ordonnances et décisions (V. édits juin 1581, 1703, avril 1706, 29 septembre 1722).

Ces lois bursales présentaient une telle obscurité que Malesherbes, au nom de la Cour des Aides, disait, en 1775, dans ses remontrances au roi : « Les prétendues lois sur cette matière sont si obscures et incomplètes que celui qui paie ne peut jamais savoir ce qu'il doit; que souvent le préposé ne le sait pas mieux... Il est nécessaire de venir au secours d'un peuple opprimé par cette monstrueuse régie. »

Écoutons Montesquieu : « Nous parlerons, en passant, d'un impôt établi dans quelques États sur les diverses clauses des contrats civils. Il faut, pour se défendre du traitant, de grandes connaissances, ces choses étant sujettes à des discussions subtiles. Pour lors le traitant, interprète des règlements du prince, exerce un pouvoir arbitraire sur les fortunes » (liv. XIII, ch. IX).

La loi du 19 décembre 1790 abolit l'ancien état de choses et y substitua un impôt unique sous le nom de droit d'enregistrement perçu sur tous les actes. Cette loi fut un véritable bienfait; cependant elle avait laissé subsister plusieurs dispositions embarrassantes, qui n'ont disparu que lors de celle du 22 frimaire an VII, dont les règles très-nettes ont été malheureusement obscurcies par de nombreuses lois récentes, votées à la hâte. Le besoin d'une refonte, d'une codification des lois fiscales se fait sentir depuis longtemps ; mais nos législateurs reculent devant les graves difficultés de la tâche à remplir.

2ent. *Législation moderne.*

481. Par l'article 69 de la loi du 22 frimaire an VII, les donations en ligne directe sont soumises au droit de 1 fr. 25 °/₀ sur les meubles et de 2 fr. 50 °/₀ sur les immeubles (§ 4 et 6).

La loi organisatrice de la transcription hypothécaire a établi un droit de 1 fr. 50 °/₀ sur la valeur des biens immeubles (l. 21 ventôse an VII, art. 25).

Ces droits ont été déclarés applicables au partage d'ascendants entre vifs par la loi du 27 ventôse an IX.

Le droit de transcription de 1 fr. 50 °/₀ devait être perçu ors de l'enregistrement du partage entre vifs, et la transcription ne donnait plus lieu à aucun droit proportionnel (l. 28 avril 1816, art. 54).

482. Mais la loi du 16 juin 1824 (art. 3) a décidé :

Que le droit d'enregistrement sur le partage entre vifs serait réduit à 25 c. °/₀ sur les biens meubles et à 1 fr. °/₀ sur les immeubles ;

Que le droit de transcription cesserait d'être perçu au moment de l'enregistrement, et ne serait exigé que lors de la transcription effective au bureau des hypothèques.

Sous l'empire de cette loi, les parties s'abstenaient de remplir la formalité très-onéreuse de la transcription, ce qui portait préjudice au trésor et pouvait nuire à la consolidation du droit de propriété, aux mains des donataires, pendant la vie de l'ascendant.

483. Le droit proportionnel sur le partage entre vifs de biens meubles a été reporté à 1 °/₀ par la loi du 18 mai 1850.

484. Une loi du 21 juin 1875 a disposé :

Que le droit de transcription, réduit à 50 c. °/₀, serait perçu lors de l'enregistrement du partage d'ascendant entre vifs ;

Que les partages d'ascendants antérieurs seraient admis à la formalité de la transcription, dans le délai d'une année, moyennant le paiement du droit de 50 c. °/₀.

485. De sorte qu'en résumé la perception faite, lors de l'enregistrement du partage entre vifs, est de 1 fr. °/₀ sur les meubles et de 1 fr. 50 °/₀ sur les immeubles, droit de transcription compris.

La perception suit les sommes et valeurs de 20 fr. en 20 fr. sans fraction (l. 27 ventôse an IX, art. 2).

Les droits sont augmentés d'un quart en sus pour les décimes établis par diverses lois (6 prairial an VII, 2 juillet 1862, 23 août 1871, 30 décembre 1873).

D'ailleurs, le droit proportionnel n'est exigible que sur l'acceptation du partage entre vifs par les donataires (V. n° 512).

II. — Bases de la perception.

§ent. *Droit proportionnel.*

486. Le droit proportionnel est liquidé :

1° Pour les biens meubles, en général, sur la déclaration estimative des parties, contenue dans l'acte, sans distraction des charges (l. 22 frimaire an VII, art. 14, 8°);

2° Pour les créances, sur le capital nominal (Cass., 24 avril 1861);

3° Pour les rentes perpétuelles, sur le capital constitué Cass., 4 mai 1807);

4° Pour les rentes sur l'État, et les actions et obligations dans les sociétés, cotées à la Bourse, d'après le cours moyen au jour de la transmission, sans avoir égard au capital nominal (l. 18 mai 1850, art. 7);

S'il n'y a pas eu de cote, le jour de la transmission, on prend la dernière (Sol., 7 février 1849);

5° Pour les actions et obligations qui ne sont pas cotées à la Bourse, sur l'estimation faite par les parties, sans avoir égard au capital nominal, qui n'est très-souvent qu'une fiction (Dict. enreg., *Don.*, 393).

Un certain nombre de valeurs, non cotées sur le marché officiel de la Bourse, se négocient à la coulisse, dont la cote est publiée périodiquement; il faut, dans ce cas, évaluer d'après le cours de la coulisse (Comp. Reims, 29 décembre 1880);

Les fonds publics, actions, obligations, et généralement toutes les valeurs mobilières étrangères, donnent ouverture aux mêmes droits que les valeurs françaises l. 23 août 1871, art. 4);

6° Pour les immeubles, d'après l'évaluation du produit des biens, ou le prix des baux courants, sans distraction des charges (l. 22 frimaire an VII, art. 15, nos 7 et 8).

Le produit des biens ou le prix des baux courants est

multiplié par 20 pour les immeubles urbains et par 25 lorsqu'il s'agit d'immeubles ruraux (même art. ; l. 21 juin 1875). Il est nécessaire de les distinguer dans l'évaluation du revenu.

Les actions *immobilisées* de la Banque de France sont des immeubles fictifs. La détermination de leur valeur, pour la perception de l'impôt, a lieu d'après le revenu multiplié par 20, et non suivant le cours de la Bourse (Sol., 12 janvier 1867; comp. Seine, 11 avril 1874).

Si la donation comprend des immeubles situés à l'étranger ou dans les colonies françaises, dans lesquelles le droit d'enregistrement n'est pas établi (1), il est dû le droit gradué sur la valeur en capital de ces immeubles, à l'exclusion du droit proportionnel (l. 28 février 1872).

487. C'est la nature et non la situation d'un fonds qui doit être considérée pour savoir s'il est rural ou urbain.

On peut citer comme immeubles urbains :

1° Les maisons d'habitation de ville et de campagne, quoique comprenant, dans leurs dépendances, des vergers, jardins, parcs et autres biens servant à embellir la résidence (Sol., 29 août 1876, 6 avril 1878);

2° Les usines, fabriques et autres bâtiments destinés à un usage industriel ou commercial;

Si les biens servant à un usage industriel sont loués avec des herbages ou autres terrains n'en formant pas l'accessoire indispensable, ces herbages sont considérés comme immeubles ruraux et l'usine comme bien urbain (Sol., 22 août 1878);

3° Un terrain loué à l'État, pour servir de champ de manœuvre, bien que le bailleur se soit réservé le droit de pâturage (Sol., 1er octobre 1878);

4° Les mines, minières et carrières; leurs produits étant dus à l'industrie extractive et nullement à la culture agricole.

(1) St-Pierre et Miquelon.

Sont des immeubles ruraux :

1° Tous les terrains en culture, les prairies, les bois, les forêts ;

2° Les corps de ferme et les bâtiments destinés à l'exploitation de terres, prés et vignes, que l'exploitation ait lieu par un propriétaire ou par un fermier (Alençon, 17 déc. 1877; Sol., 23 avril 1879 ; Garnier, 8443; Dict. enreg., *Expertise*, 140) ;

3° Les enclos et jardins, séparés des habitations.

488. Pour la perception du droit proportionnel, il y a lieu de déduire sur la valeur des biens donnés :

1° La somme antérieurement donnée à l'un des enfants, par acte enregistré, et non payée au moment du partage (Sol., 24 juin 1864) ;

2° Le capital au denier dix des rentes viagères constituées précédemment par l'ascendant au profit de ses enfants (Boulogne, 14 mars 1876; Tr. Poitiers, 9 juillet 1879; comp. Cass., 29 juillet 1862).

488 *bis*. Le partage entre vifs de la nue-propriété est tarifé comme celui de la propriété entière, mais il n'est plus dû aucun droit lors de la réunion de l'usufruit (l. 22 frimaire an VII, art. 15, n° 7).

2ent **Droit gradué.**

489. Quand le partage des biens donnés est opéré, entre les enfants, par l'acte même de donation, il n'est dû aucun droit particulier de partage (Del., 6 juin 1829; Sol., 14 septembre 1872).

L'exemption s'applique aux sommes reçues des donateurs en avancement d'hoirie, comme aux biens en nature (Sol., 15 avril 1877).

490. Lorsque les donataires réunissent aux biens donnés par l'ascendant ceux de son conjoint prédécédé, ou des biens d'une autre origine, pour faire le partage du tout, dans l'acte de donation, le droit gradué de partage est dû

sur la valeur estimative nette des biens ne provenant pas de l'ascendant donateur (Del., 29 janvier 1825, 30 juin 1829 ; Sol., 15 mai 1873).

491. Si le partage entre les enfants a lieu par acte séparé, fût-il du même jour, il est assujetti au droit gradué, sur la valeur des biens partagés, déduction faite des dettes et charges grevant les biens, pourvu qu'elles soient mentionnées dans l'acte (Cass., 8 juillet 1879; Sol., oct. 1873).

492. Le taux du droit gradué est de :

5 fr. pour les sommes et valeurs de 5,000 fr. et au-dessous ;

10 fr. pour les sommes et valeurs de 5,000 fr. a 10,000 fr. ;

20 fr. pour les sommes et valeurs de 10,000 fr. à 20,000 fr. ;

40 fr. pour les sommes et valeurs de 20,000 fr. à 40,000 fr. ;

Et ainsi de suite, à raison de 20 fr. par chaque somme ou valeur de 20,000 fr. ou fraction de 20,000 fr. (l. 28 février 1872).

Les décimes sont également ajoutés au droit gradué.

III. — Quotité du droit de donation ordinaire.

493. L'acte qualifié partage d'ascendants, mais ne remplissant pas les conditions qui seront indiquées sous les articles suivants, donnerait ouverture aux mêmes droits qu'une donation ordinaire, savoir :

1° Ligne directe : meubles, 2 fr. 50 °/₀ ; immeubles, 4 fr. °/₀ ;

2° Entre époux : meubles, 3 fr. °/₀ ; immeubles, 4 fr. 50 °/₀ ;

3° Frères, sœurs, oncles, neveux : 6 fr. 50 °/₀ sur les meubles et immeubles ;

4° Grands-oncles, petits-neveux, cousins-germains : 7 fr. °/₀ sur les meubles et immeubles ;

5° Parents au-delà du 4ᵉ degré jusqu'au 12ᵉ : 8 fr. °/₀ sur les meubles et immeubles ;

6° Non parents : 9 °/₀ sur les meubles et immeubles.

Le tout compris le droit de transcription (l. 22 frimaire an VII, art. 69, § 6, n° 2 ; 28 avril 1816, art. 54 ; 18 mai 1850, art. 10).

493 *bis.* Un partage entre vifs peut contenir, outre les dispositions au profit de descendants au degré immédiatement successible, des donations en faveur de parents à un autre degré ou même d'étrangers ; le tarif réduit n'est alors applicable que sur la valeur des biens transmis, à titre de partage, aux descendants successibles directs ; le droit de donation ordinaire est dû sur la valeur des biens donnés aux autres personnes.

IV. — Quotité du droit de soulte.

494. Les soultes relatives aux rentes sur l'État sont exemptes de tout droit (Ins., 342 ; Sol., 5 juin 1861).

Celles concernant les actions, obligations et parts d'intérêt dans les sociétés, acquittent le droit de 50 c. °/₀ (l. 29 juin 1872, art. 3), sans addition de décimes.

Celles ayant pour objet les créances sont soumises au droit de 1 °/₀ (Del., 24 mai 1835).

Celles concernant les meubles et rentes sur particuliers, au droit de 2 fr. °/₀ (l. 22 frimaire an VII, art. 69, § 5, 7°).

Et celles concernant les immeubles, au droit de 4 fr. °/₀ (même loi, art. 69, § 7, 5°).

L'article 1256 du Code civil, sur l'imputation des paiements, est applicable aux soultes qui s'imputent, pour la perception du droit, de la façon la plus avantageuse au débiteur.

Ainsi, quand le cohéritier, chargé d'une soulte, a dans

son lot : de l'argent, des rentes sur l'État, des actions ou obligations de sociétés, des meubles et rentes sur particuliers, et des immeubles, la soulte sera appliquée dans cet ordre, de sorte que si elle n'excède pas le montant du numéraire et des rentes sur l'État, dévolus au débiteur de la soulte, il ne sera dû aucun droit (Sol., 2 février 1857, 5 octobre 1860, 6 juin 1861).

Lorsque, dans un partage, plusieurs soultes sont stipulées à la charge des copartageants, les uns envers les autres, il faut compenser les soultes respectives, et le droit n'est perçu que sur le résultat final de l'opération (Cass., 21 juillet 1851 ; sol., 30 mai 1863, juillet 1875).

ARTICLE DEUXIÈME.

QUALITÉS DES DONATAIRES.

495. Pour que le partage entre vifs jouisse de la modération des droits résultant du tarif ci-dessus indiqué, n° 485, il faut qu'il ait lieu par des ascendants, en faveur de leurs héritiers présomptifs directs (Cass., 8 juin 1831, 26 avril 1836).

496. Il n'y aurait pas partage d'ascendants, mais bien donation ordinaire, si les enfants devaient faire le rapport réel des biens à la succession des donateurs (Cass., 7 mars 1876).

Mais la stipulation du rapport fictif, pour le calcul de la quotité disponible, ne change pas le caractère du partage d'ascendant (Cass., 6 mai 1879; Seine, 18 février 1881).

497. La donation faite à un enfant unique ne jouit pas de la faveur accordée au partage d'ascendant, lors même que le donataire serait chargé de rendre à ses enfants (Cass., 13 août 1838, 20 janvier 1840, 4 mai 1879).

498. En aucun cas, la répartition faite par un collatéral

entre ses héritiers présomptifs, ne peut profiter du tarif réduit; c'est toujours une donation soumise à la loi commune.

499. Le bénéfice de la réduction des droits n'est pas applicable lorsque les petits-enfants viennent au partage, concurremment avec leur auteur, enfant unique du donateur (Cass., 26 janvier 1848, 5 juin 1848, 12 janvier 1849, 4 janvier 1857);

500. Ou quand les petits-enfants sont appelés directement au partage, à l'exclusion de leur père vivant (Cass., 21 juillet 1851; Melle, 24 mars 1877; *Inst.*, 1900).

50. Si les petits-enfants étaient donataires de leur père et de leur aïeul, par le même acte, le droit de donation ordinaire serait dû sur la valeur des biens transmis par l'aïeul (Cass., 21 juillet 1851; Dalloz, *Enreg.*, 3898).

502. L'acte par lequel un père fait donation, à titre de partage d'ascendant, à son enfant unique et à l'enfant de celui-ci, institué précédemment donataire contractuel d'une part aliquote des biens de l'aïeul, est passible du droit ordinaire de donation (Sol., 6 décembre 1867).

503. La donation faite par deux époux, sans enfants de leur mariage, mais ayant chacun un ou plusieurs enfants d'un précédent mariage, est un véritable partage d'ascendant profitant, dans son entier, de la réduction des droits (Del., 15 mai 1846; Garnier, 12568).

Toutefois, il a été décidé que le partage fait par deux époux, mariés en secondes noces, à l'enfant unique de chacun d'eux, issu de son premier mariage, est une donation ordinaire (La Rochelle, 4 février 1869).

504. Le partage fait entre un enfant unique et un enfant naturel, jouit du bénéfice de la modération des droits (Del., 7 avril 1834, 10 mars 1835; Garnier, 12575).

505. Comme la régie n'est pas juge de la validité des actes, le partage d'ascendant, qui n'est pas fait entre tous les enfants, ne perd pas son caractère vis-à-vis du fisc (Cass., 28 avril 1856, 15 avril 1850, 23 avril 1867).

506. Constitue également un partage d'ascendant l'acte par lequel l'ascendant, après avoir fait une donation à l'un de ses enfants, fait une disposition nouvelle en faveur de tous ses autres enfants pour rétablir l'égalité (Cass., 9 août 1837; Del., 20 avril 1838; Garnier, 12574).

507. Mais il n'y a qu'une donation ordinaire dans l'acte par lequel l'ascendant, ayant doté antérieurement tous ses enfants, sauf un, donne à ce dernier des valeurs égales à celles que les autres ont reçues (Cass., 23 janvier 1828; Del., 1er juin 1838, 19 octobre 1838; Garnier, 12574, 2°).

ARTICLE TROISIÈME.

FORME DU PARTAGE.

508. En droit civil, le partage entre vifs, pour être valable, doit avoir lieu par acte devant notaire, en minute, dans la forme ordinaire des contrats (C. civ., 931).

Il en est autrement au point de vue fiscal; le partage irrégulier se trouve passible du droit afférent à la classe des contrats dont il offre la stipulation, pourvu que l'intention du disposant soit suffisamment exprimée (Lyon, 25 mars 1851).

509. Spécialement, le défaut d'authenticité ne change pas la nature de l'acte à l'égard de la régie : le partage entre vifs, sous signatures privées, donne ouverture aux mêmes droits que s'il était fait devant notaire (Cass., 21 décembre 1831, 9 août 1836, 13 décembre 1837; Inst., 1562).

510. Un partage d'ascendant, opéré verbalement, donnerait aussi ouverture au droit proportionnel sur la déclaration de mutation par les parties (Troyes, 29 mai 1834; Cass., 13 décembre 1837).

511. Pour autoriser la perception du droit propor-

tionnel, il est nécessaire que le partage soit accepté ; mais l'irrégularité de l'acceptation n'est pas une entrave.

512. Bien plus, l'acceptation du partage par un seul des descendants rend le droit proportionnel exigible, tant sur la part de l'acceptant que sur celles des autres donataires (Cass., 11 avril 1838, 30 décembre 1839 ; Inst., 1857).

Ces décisions sont contraires au droit civil : la donation, non acceptée par tous les donataires conjoints, ne pouvant produire effet (C. civ., 932), elles se justifient par ce principe que la régie n'est pas juge de la validité des actes (Cass., 15 février 1854) et surtout par les nécessités toujours croissantes du Trésor.

Si la première acceptation a lieu par acte postérieur à la donation-partage, c'est sur la valeur des biens au jour de cette acceptation que le droit proportionnel est perçu (Sol., 27 février 1855, 14 mai 1872), et le tarif en vigueur, à ce jour, est applicable, à l'exclusion de celui qui existait à l'époque de la donation (Av. Cons. d'État, 14 décembre 1831 ; Pontoise, 14 juillet 1853).

513. Lorsque le partage sous seings privés, qui est susceptible d'annulation mais non encore annulé, est refait en la forme légale, sans aucun changement qui ajoute aux objets de la donation ou à leur valeur, l'acte ne donne ouverture qu'au droit fixe (l. 22 frimaire an VII, art. 68, § 1, n° 7 ; Del., 13 mars 1827), alors même que les donataires auraient aliéné une partie des biens (Sol., 31 juillet 1872).

514. Mais si, dans le nouveau partage, on faisait passer d'un lot dans un autre des biens compris au premier partage, le droit d'échange serait exigible (Del., 1er mai 1827).

515. L'acte par lequel les enfants refont, sous prétexte de nullité, une donation-partage, donne ouverture au droit proportionnel, si les attributions sont modifiées (Toulouse, 21 août 1862 ; Cass., 24 juin 1868).

516. L'irrégularité de l'acceptation du partage d'ascen-

dants saisissant irrévocablement le donataire vis-à-vis de la régie, si, par un partage postérieur, l'ascendant attribue une somme d'argent à ce donataire pour retenir l'immeuble précédemment attribué, le droit de rétrocession est exigible (Sol., 11 décembre 1836).

517. Dans le cas où le partage aurait été annulé en justice, l'acte de réfection ou de confirmation serait passible d'un nouveau droit proportionnel (Comp. Largentière, 15 janvier 1875).

ARTICLE QUATRIEME.

BIENS DONNÉS.

518. Il n'est pas nécessaire que le partage d'ascendant comprenne la totalité des biens du donateur pour que le droit réduit soit applicable. C'est ce qui a été reconnu par l'administration, spécialement :

1° Quand les immeubles étant donnés, l'ascendant réserve l'argent et les créances, ou, au contraire, si des biens meubles sont donnés, à l'exclusion des immeubles (Del., 6 juin 1830; Garnier, 12577);

2° Lorsque la donation contient réserve, par l'ascendant, d'une partie de ses biens (Déc. min. fin., 14 septembre 1829; Dict. not., *Part. d'asc.*, 231);

3° Dans le cas de donation, à chacun des enfants, d'une somme égale, à titre de supplément de dot (Del., 22 juin 1827).

519. Si, au lieu de donner des immeubles ou des créances à ses enfants, l'ascendant se constituait débiteur envers eux de sommes payables à terme, il n'y aurait point partage d'ascendants, mais seulement des donations ordinaires (Cass., 5 avril 1852, 10 décembre 1855, 21 août 1876).

520. Le partage comprenant des immeubles et une

somme payable à terme, est passible du droit réduit sur les immeubles et du droit de donation ordinaire sur la somme d'argent (Sol., 15 mars 1877).

Toutefois, le terme stipulé pour le paiement de la somme, par exemple à la majorité des donataires, ne serait pas inconciliable avec les règles du partage d'ascendant, si la certitude de son existence ressortait de l'acte et qu'il s'agît d'ailleurs d'une somme peu importante, relativement à l'ensemble des biens donnés (Cass., 21 décembre 1876; Seine, 28 juin 1878; J. enreg., 20149).

521. L'usufruit peut faire l'objet d'un partage entre vifs, aussi bien que la pleine propriété.

Cette disposition de l'usufruit par l'ascendant, au profit de ses enfants nu-propriétaires, donne ouverture au droit fixe de 4 fr. 50 c. et, en outre, au droit proportionnel de transcription à 50 °/₀ à l'égard des immeubles (Sol., 24 août 1861, 9 août 1867, 11 mars 1879. V. 454).

522. La renonciation gratuite, au profit de tous les enfants, à l'usufruit réservé dans un partage d'ascendant, est considérée comme un complément de cet acte.

Mais la renonciation faite au profit seulement de quelques-uns des donataires acquitte le droit de transcription à 1 fr. 50 °/₀ (Dijon, 13 janvier 1864).

523. A l'égard de la clause de rapport fictif à la succession du prémourant des ascendants donateurs, il est renvoyé au n° 307.

Pour la renonciation à usufruit faite en dehors du partage, mais à une date contemporaine (V. le n° 555).

ARTICLE CINQUIÈME.

PARTAGE EFFECTIF DES BIENS.

524. La loi n'exige pas que, dans les actes par lesquels un ascendant entend faire entre ses descendants le par-

tage de ses biens; ce partage se trouve matériellement effectué (Cass., 26 avril 1836, 11 avril 1838).

525. Il a été décidé qu'il y a partage d'ascendant, dans le sens de l'article 1075 du Code civil :

1° Au cas de donation faite à trois enfants par leur père de tous ses immeubles, à charge par eux de les partager par égales portions, sauf pour l'un d'eux, qui doit prélever, à titre de préciput, le quart des biens (Cass., 29 mars 1831; Inst., n° 1370);

2° Dans l'acte par lequel un ascendant donne à plusieurs de ses enfants ses immeubles indivis, et attribue aux autres soit du mobilier, soit une somme en argent, que les enfants, qui reçoivent les immeubles, sont chargés de leur payer (Cass., 28 avril 1829; 1er décembre 1830; Inst., 1354);

3° Quand, au lieu de contenir le partage, la donation anticipée porte que chacun des donataires aura une quotité déterminée, soit un tiers ou un quart, de tous les biens donnés, pour en jouir indivisément jusqu'au partage (Cass., 14 fév. 1832; 26 mars 1833; Inst., 1401, 1425; Caen, 21 mars 1878);

4° Lorsqu'un partage entre vifs contient attribution d'un lot au profit d'un enfant acceptant et d'un autre lot indivis au profit des autres enfants non acceptants, avec stipulation que le dernier lot est attribué pour tenir lieu à chaque enfant de sa part, déterminée par l'acte, dans la succession des donateurs (Cass, 11 avril 1838; Inst. gén., 1577);

5° Quand le père et la mère attribuent un immeuble à un enfant, à charge de payer une somme, représentant la moitié de la valeur de l'immeuble, aux créanciers de l'autre enfant non présent (Cass., 14 mai 1838, 30 déc. 1839; Délib., 12 août 1845; Troyes, 25 mars 1874);

6° Au cas où le partage matériel des biens donnés n'est pas effectué dans l'acte de donation et que l'obligation de partager n'est même pas imposée aux enfants.

Il suffit que l'intention du donateur, à cet égard, résulte des faits et circonstances qui ont accompagné sa libéralité (Cass., 26 avril 1836, 15 avril 1850; Sol., 2 nov. 1836).

7° Si l'indivision ne cesse pas du tout entre les enfants, parce qu'il y a impossibilité de partager, à raison de droits indivis appartenant à des tiers sur les biens donnés (Cass., 29 mars 1831, 26 avril 1836).

526. La donation par laquelle l'ascendant attribue à l'un de ses enfants la totalité de ses biens, à charge de payer une rente viagère à l'autre enfant non présent, n'est pas un partage d'ascendant, mais bien une donation ordinaire (Cass., 8 juin 1841).

527. Le partage dans lequel l'ascendant n'aurait pas composé chaque lot, autant que possible, d'objets de même nature, est néanmoins soumis au droit réduit; l'éventualité d'une action en nullité ne changeant pas la nature de l'acte par rapport à la régie (Cass., 11 avril 1838).

528. Nul doute que l'acte portant que les biens donnés, avec assignation de parts, resteront indivis pendant cinq ans ou ne seront partagés qu'au décès du disposant, profite de la réduction du tarif (Sol., 17 janvier 1829; Del., 24 novembre 1846; Dict. not., *loc. cit.,* 284).

ARTICLE SIXIÈME.

CONDITIONS.

529. Des charges peuvent être imposées aux donataires dans un partage d'ascendant, comme conditions de la donation, sans pour cela modifier la nature de l'acte.

530. Néanmoins, si les charges se trouvaient supérieures à la valeur des biens donnés, le droit serait perçu, sur la

valeur des charges, comme transmission à titre onéreux (Cass., 28 mars 1820; Garnier, 12586).

531. La condition de servir une rente viagère à l'ascendant donateur n'enlève pas à l'acte son caractère de pacte de famille, à moins que les termes de la convention ne démontrent à l'évidence que les parties ont voulu faire un autre contrat (Cass., 19 avril 1847, 9 août 1848, 12 mars 1849).

532. Le service d'une rente viagère est susceptible de modalités; ainsi il peut être dit que le donataire chez lequel l'ascendant vivra sera libéré de sa part dans la rente, pendant tout le temps de l'existence commune, et qu'il aura, en outre, le droit de percevoir les portions de la rente à la charge de ses codonataires. Aucun droit n'est exigible sur cette clause (Del., 13 août 1833).

533. En faisant le partage de tous ses biens à ses enfants, l'ascendant peut réserver l'usufruit non-seulement de ses biens propres, mais encore de ceux de son conjoint décédé, sans qu'il y ait lieu au droit de réunion d'usufruit (Cass., 19 avril 1847).

534. Alors même que le donateur réserverait l'usufruit de l'un des lots pendant un temps déterminé, l'acte conserverait son caractère de partage d'ascendant (Seine, 28 juin 1878).

135. Cependant, dans une espèce contenant donation par une mère à ses enfants, de la nue-propriété de ses biens, sous la condition que ces derniers lui abandonneraient l'usufruit de leurs biens propres, la Cour de Cassation a décidé que le droit proportionnel devait être perçu sur la donation d'usufruit faite par les enfants à leur mère, donation qui était la disposition principale en raison de l'importance relative des biens qu'elle comprenait (Arr., 14 déc. 1853).

136. Lorsque dans une donation de biens propres, faite par l'un des époux, il est stipulé que l'usufruit réservé par le donateur sera reversible sur la tête de son conjoint,

en cas de nuire, il est dû un droit fixe sur la donation (7,50) et un droit proportionnel de mutation par décès, à l'événement, à raison de l'usufruit que recueille le survivant (Agen, 21 nov. 1860).

La clause par laquelle les père et mère donateurs conjoints réservent à leur profit et au profit du survivant d'eux, l'usufruit des biens donnés donne aussi ouverture au droit fixe de donation éventuelle, et au droit proportionnel au décès du prémourant (*Dict. Enreg.*, Reversion, 43).

Il est à remarquer spécialement que cette clause constitue une donation mutuelle entre époux, nulle en vertu de l'article 1097 du Code civil (Cass., 26 mars 1855, 6 mai 1857).

On doit donc s'abstenir de stipuler une telle condition.

Si l'usufruit était simplement réservé jusqu'au décès du survivant des père et mère, sans stipulation de reversion au profit du dernier vivant, il ne serait perçu aucun droit sur la clause (Comp., 263, *bis*).

537. L'énonciation, dans un partage entre vifs, de dettes que le donateur charge les donataires de payer pour lui, ne donne pas ouverture au droit de reconnaissance de dettes, quoiqu'il ne soit pas dit si les titres constitutifs des créances sont enregistrés (Cass., 21 juin 1832, *Inst.*, 1410). Mais le droit de titre serait dû si le tiers créancier intervenait au partage (Limoges, 16 décembre 1845).

537 *bis*. Il n'est pas dû de droit proportionnel sur la clause par laquelle l'un des enfants renonce à une donation contractuelle, faite antérieurement par préciput, pour s'en tenir à une somme d'argent que l'ascendant lui attribue immédiatement (Sol., 4 décembre 1867).

538. La clause d'imputation sur la succession du prémourant des ascendants donateurs et de rapports de la valeur des biens donnés, s'il ne s'agit que d'un rapport fictif, ne fait pas perdre à l'acte le caractère de partage

d'ascendant (Cass., 6 mai 1879; Seine, 18 février 1881, *Comp.*, n° 307).

ARTICLE SEPTIÈME.

SOULTES.

539. La soulte est une rente ou une somme d'argent au moyen de laquelle on compense l'inégalité des lots en nature (C. civ., 833).

540. Lorsque le lot chargé de la soulte comprend des biens de diverses espèces, les imputations doivent toujours être faites de la manière la plus avantageuse au débiteur (C. civ., 1256, *Inst.*, 342; Seine, 31 août 1854).

541. La quotité des droits de soultes relatifs aux partages d'ascendants est indiquée sous le n° 494, auquel il est renvoyé.

Le droit de soulte est dû indépendamment de ceux de donation-partage (Del., 24 mai 1835).

542. Pour qu'il y ait soulte, il faut qu'un copartageant paie une somme en deniers à ses copartageants, ou qu'il leur abandonne des objets qui lui appartiennent particulièrement, ou encore qu'il soit chargé de payer dans les dettes une quotité plus forte que sa portion virile.

Ceci s'applique même au cas d'une somme à payer au donateur, toutes les fois que l'excédant est l'équivalent d'une charge qui forme compensation et rétablit l'équilibre entre les lots.

543. Ainsi, la disposition par laquelle deux des enfants, attributaires de tous les biens, s'obligent seuls à payer au donateur une somme que celui-ci se réserve pour acquitter un passif, constitue une soulte possible du droit proportionnel sur tout ce qui excède la part virile des grevés dans cette somme (Cass., 23 avril 1867; Cambrai, 6 déc. 1860, 10 janvier 1877, *Inst.*, 2358).

544. Si l'un des donataires reçoit un préciput à la charge de contribuer pour une plus forte part à la pension, le droit de soulte n'est pas exigible sur l'excédant de sa part virile dans la pension (Besançon, 8 juillet 1864; Garnier, 12618; Montbrison, 1er mars 1877; *Contra*, Montpellier, 4 juillet 1864).

545. Il n'y aurait pas soulte dans le partage d'ascendant contenant réserve de l'usufruit d'une partie des biens partagés, et stipulation d'une rente viagère au profit de l'ascendant, à payer inégalement par les donataires, si la différence dans la quotité de rente à la charge de chacun n'était que la compensation de la privation de jouissance (Sol., 26 juin 1877).

546. Lorsque les enfants ont confondu dans un même partage, tant les biens donnés que d'autres biens indivis entre eux, le droit de soulte doit se calculer sur l'inégalité des lots du partage général, abstraction faite de l'origine des biens qui les composent (Cass., 29 août 1843).

547. Si les inégalités des lots dans un partage d'ascendants sont compensées par l'attribution de sommes rapportées par un copartageant qui les avait reçues en avancement d'hoirie, on ne peut voir dans cette disposition qu'un rapport à succession ne constituant pas une soulte, et par suite non passible du droit proportionnel (Cass., 27 avril 1868; Seine, 23 janv. 1857).

548. L'inégalité en revenu des lots d'un partage d'ascendant n'autorise pas la perception d'un droit de soulte sur la différence; mais il y a présomption de dissimulation d'une soulte autorisant l'administration à provoquer l'expertise (Sol., 3 mai 1851, 22 août 1865).

549. On peut faire figurer dans les attributions d'un partage le don fait antérieurement à l'un des enfants, à titre de préciput et hors part, sans qu'il y ait lieu au droit de soulte, pourvu que ce soit une condition du partage d'ascendant; dans le cas contraire, il y aurait

libéralité par le donataire au profit de ses cohéritiers (Cass., 11 déc. 1855; Seine, 2 février 1877).

550. Si la somme rapportée provient d'un don manuel, elle ne donne pas ouverture au droit de soulte; mais la reconnaissance qui en est faite rend exigible le droit de donation au taux réglé pour les partages d'ascendants (Del., 4 avril 1851, 23 juin 1863; Garnier, 12024).

Le rapport en nature effectué par un des donataires d'un immeuble donné entre vifs, en avancement de succession, et qui est attribué à un autre lot que celui du donataire, ne donne ouverture à aucun droit particulier (Cass., 15 mars 1875; Nevers, 24 mai 1870; Dict. Enreg., *Rapport*, 422).

551. La disposition résultant de la seule volonté des donataires, par laquelle l'enfant grevé d'une soulte abandonne en compensation des immeubles à lui propres, constitue une dation en paiement, de sorte que le droit de soulte est dû, et simultanément le droit de vente est exigible sur la valeur assignée aux immeubles donnés en paiement d'une partie de la soulte (Cass., 15 nov. 1875).

Quand la soulte est immobilière, la dation en paiement d'un immeuble personnel acquitte le droit d'échange et non celui de vente d'immeuble (Sol., 25 septembre 1819, 6 mars 1856; Garnier, 12411, 12471).

552. Quand un ascendant fait donation de tous ses biens qui sont attribués à l'un des enfants, à la charge de payer aux autres une somme égale à leur part dans les biens donnés, l'acte a le caractère d'un partage anticipé avec soulte (Cass., 1er déc. 1830, 23 avril 1867; Garnier, 12578).

553. Lorsque, après attribution divise, un donataire vend son lot à un autre, il y a lieu au droit ordinaire de vente à 5,50 % (Sol., 7 nov. 1829; Montpellier, 1er juillet 1850; Tournon, 19 mars 1868).

Si la cession fait cesser l'indivision, c'est le droit de

4 % qui est exigible (Marseille, 6 mai 1851 ; Auch, 19 déc. 1855 ; Garnier, 2631).

Ainsi, quand la cession est convenue lors du partage d'ascendant, il faut faire une attribution conjointe aux deux enfants, puis ensuite passer la vente par licitation, qui sera enregistrée au droit de 4 % au lieu de 5,50, si l'attribution était divise.

553 *bis*. Tout partage comprenant des biens situés en France et des biens situés à l'étranger est considéré, pour la perception du droit de soulte, comme si les biens français existaient seuls et comme si les copartageants avaient à exercer leurs droits uniquement sur ces biens. Il est fait abstraction complète des biens étrangers, alors même qu'ils auraient été licités préalablement entre les copartageants (l. 22 frimaire an VII, art. 4 et 69, § 7, n° 5 ; Cass., 14 novembre 1838, 11 novembre 1844, 15 juin 1847, 22 juillet 1873).

Il en serait ainsi dans le cas où les biens situés en France seraient attribués à des Français et les biens sis à l'étranger à des héritiers étrangers (Cass., 28 août 1848).

Les biens situés dans les colonies françaises où l'enregistrement est établi, sont assimilés aux biens situés dans la métropole, pour la liquidation du droit de soulte, malgré la différence pouvant exister dans les tarifs (Sol., 13 avril 1865).

ARTICLE HUITIÈME.

RÉUNION D'USUFRUIT.

554. Quand le partage d'ascendant est fait par le survivant des père et mère, donataire ou légataire en usufruit de son conjoint, l'acte contient souvent donation des droits d'usufruit, qui se réunissent à la nue-propriété dans la main des enfants. Les droits de mutation par décès ayant été acquittés sur la pleine propriété, la réunion de

l'usufruit, résultant du partage d'ascendant, ne donne ouverture qu'au droit fixe de 4 fr. 50 c. (l. 22 frim. an VII, art. 68, § 1, n° 42; 28 avril 1816, art. 44, n° 4; 28 février 1872, art. 4; Garnier, *Rép.*, 12611).

555. Si les biens sur lesquels porte l'usufruit n'étaient pas restés indivis entre les enfants, il y aurait autant de droits fixes que de donataires (Del., 21 octobre 1834, 24 août 1833).

556. L'acte par lequel un ascendant donne à ses enfants l'usufruit de biens déterminés de son conjoint, attribués dans une liquidation de communauté, est sujet au droit de transcription (Senlis, 20 mars 1855; Bordeaux, 8 mai 1867; Sol., 24 août 1841).

557. Le droit proportionnel de transcription dû sur l'usufruit d'immeubles abandonné dans le partage d'ascendant, est de 50 c. °/₀ (l. 21 juin 1875; Sol., 26 avril 1876).

558. L'ascendant qui a fait le partage entre vifs entre ses enfants, d'immeubles dont il se réserve l'usufruit, venant exercer le retour légal de la nue-propriété à la suite du décès de l'un des donataires, ne doit acquitter le droit de mutation par décès que sur la moitié de la pleine propriété (Sol., 18 août 1871; Cass., 27 décembre 1847).

Il en serait de même sur la rétrocession gratuite de la nue-propriété faite par le donataire au donateur ayant réservé l'usufruit.

Après la consolidation de l'usufruit dans la main de l'ascendant donateur, le nouveau partage entre vifs qu'il ferait sous réserve d'usufruit, donnerait ouverture au droit sur la propriété entière.

559. Quand l'ascendant renonce gratuitement à l'usufruit réservé à son profit dans le partage entre vifs, l'acte est un complément du partage passible du droit de transcription de 50 c. °/₀ (Sol., 11 mars 1879).

Si la renonciation avait lieu au profit de quelques-uns des enfants, le droit de transcription serait de 1,50 °/₀ (Dijon, 13 janv. 1864).

ARTICLE NEUVIÈME.

RENONCIATIONS.

560. Les époux se font presque toujours par contrat de mariage ou pendant le mariage, une donation de la quotité disponible, au profit du survivant, soit moitié en usufruit, soit un quart en propriété et un quart en usufruit (Cod. civ., 1094).

Quelquefois l'époux survivant profite de la disposition faite par son conjoint, mais le plus souvent il y renonce, par des raisons particulières au nombre desquelles on peut citer le désir de s'affranchir des droits de mutation par décès, et celui de voir s'exécuter une disposition préciputaire au profit de l'un des enfants.

Une telle renonciation faite purement et simplement, avant toute prise de qualité, étant l'exercice d'une faculté légale, ne peut être critiquée par la Régie.

Cependant, lorsque la renonciation a lieu à une époque contemporaine d'un partage d'ascendant par le survivant, l'Administration de l'Enregistrement pourrait chercher à établir que la renonciation est frauduleuse, s'il résultait de l'acte de partage des avantages plus considérables que ne le permettait la valeur des biens du survivant, sans faire perdre à la donation son caractère de libéralité.

Ainsi l'Administration considère comme frauduleuses et non-avenues, les renonciations à usufruit suivies d'un partage d'ascendant par lequel le renonçant ressaisirait l'usufruit abandonné (Sol., 3 nov. 1871, 8 avril 1872, 29 mai 1873).

561. La sincérité de la renonciation étant toujours une question de fait laissée à l'appréciation des tribunaux, la plus grande circonspection devra guider le notaire appelé

à faire une renonciation devant être suivie d'un partage d'ascendant par le renonçant.

Il a été rendu sur ces points un grand nombre de jugements, les uns favorables à l'Administration, les autres ayant donné gain de cause aux contribuables.

562. Au nombre des décisions favorables à l'Administration, on peut citer :

1° Le Mans, 26 mars 1863. Le conjoint, après avoir renoncé à la donation en usufruit faite en sa faveur, avait fait peu de jours après le partage de ses biens en stipulant la jouissance viagère à son profit des biens délaissés par l'époux prédécédé (Aix, 5 avril 1876; Fontainebleau, 30 janvier 1879).

2° Rocroi, 13 mars 1857. L'époux survivant déclare renoncer au bénéfice de la donation qui lui a été faite et accepte une rente viagère de beaucoup supérieure au revenu des biens par lui abandonnés dans le même acte (*Adde*, Montargis, 28 mai 1872; Avallon, 24 février 1864; Fontainebleau, 30 janvier 1879).

563. Parmi les jugements qui ont refusé de voir une renonciation simulée, quand les avantages stipulés comme condition d'un abandon de biens fait par le renonçant pouvaient être considérés comme une charge de l'abandon et non comme le prix de la renonciation, nous devons mentionner :

1° Beaune, 25 août 1864. Constitution d'une rente viagère de 390 fr. pour l'abandon de biens d'un revenu de 200 fr., mais dont la valeur vénale était de 7 à 8,000 fr.

2° Mortagne, 22 juillet 1847. Rente de 2,000 fr. pour la donation d'immeubles d'un revenu de 1,000 fr. et d'une valeur réelle de 40,000 fr. (*Adde*, Mortagne, 29 août 1874).

3° Pontoise, 23 mars 1876; Abbeville, 23 mars 1875; Nancy, 17 février 1862; Grenoble, 5 février 1875; Saintes, 4 mars 1875; Mantes, 26 avril 1879. Renonciation à usufruit par le conjoint survivant, et quelques jours plus tard partage d'ascendant contenant réserve de l'usufruit des biens donnés, et de ceux du conjoint prédécédé (Dictionnaire d'Enregistrement, *Renonciation*, n°s 267 à 285, Garnier, 13983).

§ 2.

PARTAGE TESTAMENTAIRE.

ARTICLE PREMIER.

TARIF.

564. Le partage testamentaire est passible du droit gradué, à l'exclusion du droit fixe de testament (l. 28 février 1872; Sol., 25 novembre 1872; Cass., 8 juillet 1879; Lyon, 27 décembre 1877).

Le droit gradué se perçoit sur la valeur nette des biens partagés. Sa quotité est indiquée sous le n° 492.

Si l'acte contenait cumulativement le partage des biens personnels du testateur et de ceux dépendant de la succession de son conjoint, le droit gradué serait dû aussi sur la valeur de ces derniers biens (Sol., 25 novembre 1872).

565. La déclaration de dettes dans le partage testamentaire ne donne pas ouverture au droit de titre, car la charge de payer les dettes est une conséquence de la qualité d'héritier; leur énonciation a pour objet de compléter le partage et non de former un titre au profit des créanciers (Del., 29 juin 1834).

566. Quand les lots sont grevés de substitution, à concurrence de la quotité disponible, le droit de transcription à 1,50 °/o est dû sur la valeur de cette quotité, et la perception en est faite lors de l'enregistrement du testament (Sol., 22 avril 1836; Cass., 22 avril 1848, 25 avril 1849).

567. Le partage testamentaire est soumis à l'enregistre-

ment dans les trois mois du décès de l'ascendant testateur, à peine du double droit (l. 22 frimaire an VII, art. 21 et 38). Cependant, pour le testament olographe, il n'y a pas de délai de rigueur (Garnier, 17076).

568. L'enveloppe du partage testamentaire olographe n'est pas sujette à l'enregistrement (Sol., 9 juillet 1852, 1er juillet 1858).

L'acte de suscription du testament mystique est présenté à l'enregistrement avec le testament (Garnier, 17077) et acquitte le droit fixe de 3 fr.

569. Le notaire, qui a reçu un partage testamentaire, le soumet à l'enregistrement sur la réquisition qui lui en est faite, en justifiant du décès de l'ascendant.

Dans plusieurs études, on rédige un acte contenant : déclaration du décès, réquisition d'enregistrement du testament et évaluation des biens partagés. C'est une mesure de précaution se justifiant par la faculté qu'ont les descendants de ne pas exécuter le partage testamentaire.

A défaut de cet acte, la valeur nette des biens partagés doit être déclarée et signée, au pied du testament, par l'un des enfants.

570. Les droits de mutation par décès sont payés dans les six mois, à compter du décès de l'ascendant, suivant les règles ordinaires (l. 22 frimaire an VII, art. 24).

ARTICLE DEUXIÈME.

SOULTES.

571. Les règles de perception concernant les soultes des partages en général sont applicables aux partages testamentaires (l. 18 juillet 1850, art. 5, v. n° 494).

572. C'est au moment de l'enregistrement du testament, et non dans les six mois du décès, que les droits de soulte sont perçus (Del., 15 décembre 1856).

Si le partage testamentaire ne reçoit pas son exécution, les droits de soulte sont restitués (Sol., 1er août 1863, 4 mars 1864).

573. Le partage testamentaire est obligatoire tant qu'il n'a pas été annulé; ainsi les enfants ne pourraient se soustraire au payement du droit de soulte en déclarant, par acte notarié, surseoir à se prononcer sur les acceptations jusqu'à la majorité d'un mineur (Montbrison, 27 décembre 1873).

574. Constitue un partage testamentaire passible des droits gradués et de soulte, et non un legs avec charge, la clause d'un testament par laquelle l'ascendant dispose de la totalité de ses immeubles au profit d'un seul de ses enfants, à charge par celui-ci de rapporter à la succession la valeur entière des biens, telle qu'elle est fixée par le testateur, pour être répartie par portions égales entre tous les ayants-droit (Cass., 8 juillet 1879).

575. Le legs préciputaire fait par le père à l'un des enfants, à charge par le légataire de payer une somme déterminée aux autres enfants, est aussi passible du droit de soulte (Le Mans, 12 février 1858; Mâcon, 17 décembre 1862; Nice, 25 novembre 1867; Blois, 11 février 1879).

§ 3.

ACTES DIVERS.

ARTICLE PREMIER.

ACCEPTATIONS.

I. — Partage entre vifs.

576. C'est l'acceptation de tous les descendants qui donne l'irrévocabilité au partage entre vifs.

Le partage peut être accepté soit dans l'acte même de donation, soit par acte séparé.

1ent. *Acceptation dans le partage.*

577. L'acceptation ayant lieu par l'acte de partage entre vifs, forme un tout avec lui et ne donne lieu à aucun droit particulier (l. 22 frim. an VII, art. 11).

578. La présence et la signature des donataires à l'acte de donation ne suffirait pas pour tenir lieu de l'acceptation exigée par la loi, il faut une acceptation expresse (C. civ., 932).

579. Cette acceptation rendant la donation parfaite, le droit proportionnel d'enregistrement devient exigible.

A l'égard du fisc, il n'est pas besoin que tous les enfants donataires acceptent, pour que le droit proportionnel soit perçu; l'acceptation de l'un des enfants suffit (*Inst.*, 1577).

580. Quand, après la perception du droit proportionnel, un événement empêche la transmission de s'opérer, la restitution du droit perçu est faite par l'administration (Del., 23 mai 1843; Sol., 21 mars 1872).

2ent. *Acceptation séparée.*

581. Le contrat n'étant pas formé avant l'acceptation, le partage d'ascendant non accepté n'est passible que du droit fixe de 3 fr. (l. 22 frim. an VII, art. 68, § 4, n° 51; 28 fév. 1872, art. 4; *Déc. min. fin.*, 12 oct. 1818).

582. Si, par suite de l'acceptation de l'un des enfants, le droit proportionnel a été perçu sur le partage d'ascendants, l'acceptation faite ensuite par plusieurs donataires est passible d'autant de droits fixes qu'il y a de donataires acceptants (Dict. Enreg., *Acceptation*, 50).

583. Lorsque l'ascendant donateur intervient à l'acte d'acceptation pour dispenser de la notification, son inter-

vention concourant à la formation du contrat, ne constitue pas une disposition indépendante et ne saurait dès lors motiver la perception d'un droit fixe particulier (J., Enreg., 11302).

584. C'est le tarif en vigueur au jour de l'acceptation qui est appliqué, à l'exclusion de celui qui existait à l'époque de la donation (Av. Cons. d'État, 14 déc. 1831; Sol., 14 mai 1872).

3ent. *Notification.*

585. Si l'ascendant n'est pas présent à l'acceptation, elle doit lui être notifiée.

La notification a lieu par exploit d'huissier.

586. Elle peut être suppléée par une déclaration de l'ascendant, dans un acte notarié, qu'il tient l'acceptation pour notifiée; une déclaration par acte sous seing privé serait insuffisante (Demolombe, xx, 153).

587. Sur la notification il n'est dû que le droit fixe de 3 fr., lorsque le droit proportionnel a été perçu sur l'acceptation.

Il en est de même du tenu pour notifié.

II. Partage testamentaire.

1ent. *Réquisition.*

588. Le droit fixe de 3 fr. est dû sur l'acte contenant déclaration du décès de l'ascendant et réquisition de soumettre le partage à la formalité de l'enregistrement.

2ent. *Acceptation.*

589. L'acte par lequel les descendants reconnaissent avoir pris communication du partage testamentaire fait

par leur auteur, et déclarent acccpter les attributions y contenues, donne ouverture à un seul droit fixe de 3 fr. comme formant une simple exécution du partage (Cass., 29 nov. 1854; Sol., 31 octobre 1877).

590. Si, au lieu d'une simple acceptation, les enfants substituaient leur volonté à celle de l'ascendant par des modifications au partage, les droits à percevoir, d'après les nouvelles bases, seraient exigibles dans leur intégrité (Cosne, 28 août 1850, Dict. enreg., *Acte de complément*, 25).

3ent. *Dépôt.*

591. Lorsque le partage testamentaire olographe ou mystique, présenté au président du tribunal civil, est remis directement au notaire chargé de le conserver en dépôt, il n'est pas nécessaire de faire un acte de dépôt; le notaire est seulement tenu de porter le testament sur son répertoire à la date de la remise qui lui en est faite (Cass., 5 décembre 1860).

Pourtant, dans quelques études, l'usage de rédiger un acte de dépôt s'est maintenu.

C'est seulement quand le partage testamentaire lui est remis par le greffier du tribunal que le notaire est obligé de dresser un acte du dépôt, et cet acte est soumis au droit fixe de 3 fr. (l. 22 frimaire an VII, art. 68, § 1, n° 26; 28 août 1816, art. 43, n° 10; 28 février 1872, art. 4).

Il ne peut y avoir lieu à plusieurs droits, parce que le dépôt se rapporte à un fait unique, le dépôt d'une pièce présentant un intérêt indivisible pour tous les enfants.

ARTICLE DEUXIÈME.

PROCURATIONS.

592. Le mandat, appelé aussi procuration ou pouvoir, ne contenant aucune stipulation ou clause donnant lieu

au droit proportionnel, est tarifé au droit de 3 fr. (l. 22 frim. an VII, art. 68, § 1, n° 36, 28 avril 1816, art. 43, n° 17, 28 février 1872, art. 4).

La procuration, donnée par deux époux à une seule personne pour faire le partage entre vifs de leurs biens, n'opère qu'un seul droit, parce que les intérêts des époux sont tellement connexes qu'il est impossible de les isoler, même pour leurs affaires personnelles (Sol., 16 mai 1864).

593. On a reconnu passible d'un seul droit, la procuration donnée pour accepter une donation à titre de partage anticipé, faite à tous les mandants (Sol., 24 mai 1832, 11 octobre 1842).

594. Le pouvoir donné au porteur d'une expédition du partage entre vifs, de le faire signifier et de poursuivre les débiteurs des créances données, est dispensé d'un droit particulier (Délib., 12 juin 1842, 1er janvier, 17 avril, 11 août et 26 novembre 1843).

ARTICLE TROISIÈME.

RÉVOCATIONS.

595. La révocation d'un partage testamentaire est soumise au droit fixe de 3 fr. (l. 22 frim. an VII, art. 68, § 1, n° 41 ; 28 avril 1816, art. 43, n° 21; 28 février 1872).

596. Cette révocation est un acte de dernière volonté, assujetti à l'enregistrement dans les trois mois du décès du testateur (Del., 11 nivôse an XIII; Sol., 29 décembre 1879).

597. La révocation du partage entre vifs, non accepté, est passible du droit fixe de 3 fr., elle doit être présentée à l'enregistrement dans le délai de 10 ou 15 jours, prescrit pour les actes notariés ordinaires.

ARTICLE QUATRIÈME.

RATIFICATION ET CONFIRMATION.

598. La ratification ou confirmation du partage d'ascendant est tarifée au droit fixe de 3 fr. (l. 22 frimaire an VII, art. 68, § 1, n° 38; 18 mai 1850; 28 février 1872).

Ceci s'applique à la confirmation du partage entre vifs faite par une femme dotale, après la cessation de son incapacité.

599. Au cas de partage annulable pour vice de forme et refait, sans aucun changement, il n'est dû qu'un seul droit fixe (Del., 13 mars 1827, 8 août 1841; Sol., 31 juillet 1872).

600. Si la ratification avait lieu moyennant un prix, il y aurait lieu à la perception d'un droit de soulte (Demante, I, 249).

ARTICLE CINQUIÈME.

QUITTANCES ET DÉCHARGES.

601. Les quittances, remboursements et tous écrits portant libération de sommes et valeurs mobilières dues en vertu d'un partage entre vifs, sont soumis au droit de 50 c. °/₀ (l. 22 frim. an VII, art. 69, § 2, n° 11; 7 août 1850, art. 9; 5 mai 1855, art. 15; Cass., 20 nov. 1839, 20 mars 1851).

602. La déclaration de paiement émanant du créancier seul est sujette au droit de quittance; celle faite par le débiteur seul ne peut engendrer aucun droit (Del., 15 mai 1811; Cass., 2 mai 1837).

603. Les rapports en nature de sommes données n'opèrent que le droit fixe de décharge, de même le rapport des sommes résultant de dettes (Del., 5 juin 1838).

604. Est passible du droit fixe de décharge (3 fr.), et non de celui de quittance, l'acte par lequel un des enfants reconnaît avoir reçu de ses frères le montant d'une soulte imposée à ces derniers dans le partage testamentaire de leur auteur (Sol., 7 avril 1868 ; Dict. not., *Quitt.*, 132).

Si le paiement de la soulte est constaté dans l'acte contenant acceptation du partage par les enfants, il n'opère aucun droit.

ARTICLE SIXIÈME.

NOTORIÉTÉ.

605. Un acte de notoriété est toujours nécessaire pour constater que les ascendants n'ont pas laissé d'autres descendants directs que ceux entre lesquels a eu lieu le partage (C. civ., 1078).

L'acte de notoriété est tarifé au droit fixe de 3 fr. (l. 22 frimaire an VII, art. 68, § 1, n° 5; 28 avril 1816, art. 43; 28 février 1872, art. 4).

606. Il n'est dû qu'un seul droit sur l'acte de notoriété constatant le décès des père et mère et les droits de leurs héritiers (Del., 22 février 1833; Sol., 10 juin 1869).

§ 4.

EXPERTISE. — DISSIMULATION.

607. Pour compléter ce qui concerne les droits d'enregistrement, il nous reste à rappeler les moyens dont dispose la régie pour établir la fraude.

608. La régie peut requérir deux expertises en ce qui concerne le partage d'ascendant : l'une portant sur le revenu pour l'assiette des droits de donation et de transcription, et l'autre sur la valeur vénale pour les droits de soulte.

La première doit être requise dans le délai de deux ans, à compter de l'enregistrement de l'acte, le délai de la seconde n'est que d'une année (l. 22 frimaire an VII, art. 17, 19, 61 ; 27 ventôse an IX ; Cass., 26 février 1812, 20 janvier 1811, 12 février 1815).

Il n'y a lieu de recourir à l'expertise du revenu des immeubles que lorsqu'il est impossible d'établir par des actes le vrai revenu des biens (Cass., 3 mai 1840).

Ainsi, quand il y a un bail courant ou une expertise entre les héritiers, contemporaine de la mutation, l'administration ne peut requérir d'expertise (Cass., 18 janvier 1825, 26 février 1851 ; Garnier, 8470).

Quant à l'expertise sur la valeur vénale, aucune circonstance ne peut empêcher à la régie de la requérir dans l'année, à compter du jour de l'enregistrement de l'acte.

C'est l'administration seule qui a le droit de requérir l'expertise ; dans aucun cas elle ne peut être demandée par les parties (Cass., 27 avril 1807, 1er avril 1829, 16 août 1847).

609. La demande en expertise consiste uniquement dans la présentation d'une requête au tribunal de l'arrondissement, avec nomination de l'expert de l'administration. La partie est sommée de nommer son expert dans les trois jours de la notification qui lui est faite, sinon le tribunal le nomme d'office (V. au surplus, l. 22 frimaire an VII, art. 18).

Si la valeur déclarée n'excède pas 2,000 fr., l'expertise est faite par un seul expert nommé par les parties, ou, en cas de désaccord, par le président du tribunal, sur simple requête (l. 23 août 1871, art. 15).

610 Les frais d'expertise sont à la charge des contrevenants qui encourent, en outre, la pénalité d'un droit en sus, toutes les fois qu'il y a une insuffisance établie, quelque minime qu'elle soit (l. 22 frimaire an VII, art. 39 ; Cass., 30 août 1869 ; Sol., 5 janvier, 18 juin 1873).

611. Le droit en sus pour insuffisance d'évaluation du

revenu, est calculé sur le droit d'enregistrement, sans y ajouter le droit de transcription (Sol., 15 décembre 1876, 11 janvier 1877; Dict. Enreg., *Donat.*, 364).

612. Indépendamment de l'expertise, l'administration peut établir la dissimulation d'une soulte par tous les genres de preuves admises par le droit commun, excepté le serment décisoire.

La preuve testimoniale n'est reçue que pendant dix ans, à partir de l'enregistrement de l'acte; les autres preuves sont recevables pendant 30 ans (l. 23 août 1871, art. 13; Geraud, 1080).

613. Toute dissimulation est punie d'une amende égale au quart de la somme dissimulée (en outre le droit simple est dû) et payée solidairement par les parties, sauf répartition entr'elles par part égale (même loi).

614. Mais il y a lieu d'observer que les amendes sont personnelles, de sorte que si l'un des contrevenants décède, sa portion est éteinte, et la régie ne peut poursuivre contre le survivant que le recouvrement de la part lui incombant (Sol., 31 juillet 1873, 19 mai 1876).

615. A l'égard du droit gradué, la dissimulation dans l'énonciation des sommes ou valeurs ayant servi de base à sa perception est punie d'un droit en sus, qui ne peut être inférieur à 50 fr. Le délai pour prouver la fraude est de deux années. Elle ne peut être établie que par des actes émanés des parties ou par des jugements, sans que la régie puisse être reçue à provoquer une expertise (l. 28 février 1872; Demante, 204).

616. Une évaluation précise est exigée pour la perception du droit gradué; les parties ne seraient pas admises à déclarer par exemple que les biens valent plus de 20,000 fr. et moins de 40,000 fr. (Sol., 12 février 1876).

TITRE NEUVIÈME.

DROITS D'HYPOTHÈQUES.

617. La transcription des actes et l'inscription des créances au bureau des hypothèques de la situation des biens, donnent lieu à la perception de droits, au profit du trésor et de salaires pour le conservateur (l. 9 vendémiaire an VII; 21 ventôse an VII, 28 avril 1816; Décr., 21 septembre 1810; 10 octobre 1841; 24 novembre 1855).

618. Il est ajouté deux décimes et demi à tous les droits perçus au profit du trésor (l. 6 prairial an VII, 2 juillet 1862, 25 août 1871, 30 décembre 1873).

619. La perception des droits proportionnels suit les sommes et valeurs de 20 en 20 fr. inclusivement et sans fraction (l. 28 avril 1816).

§ 1er.

INSCRIPTION.

620. Le droit d'inscription des créances hypothécaires est de 1 fr. pour 1,000 fr. (l. 28 avril 1816, art. 60)

Il n'est dû qu'un seul droit d'inscription pour chaque créance, quel que soit le nombre des créanciers requérants et celui des débiteurs grévés (l. 21 ventôse an VII, art. 21).

S'il y a plusieurs débiteurs non solidaires, ou si une créance unique profite à plusieurs personnes, il est nécessaire de prendre une inscription particulière par créancier ou par débiteur distinct, et chacune donne ouverture à un droit séparé (Déc. min. fin., 16 floréal an VII).

621. Lorsqu'il y a lieu à inscription d'une même créance dans plusieurs bureaux, le droit proportionnel est acquitté en totalité dans le premier ; il n'est dû, pour chacune des autres inscriptions, que le salaire du préposé, sur la représentation de la quittance constatant le paiement du droit lors de la première inscription. En conséquence, le préposé dans le premier bureau délivre, indépendamment de la quittance au pied du bordereau d'inscription, autant de duplicata qu'il lui en est demandé, moyennant un droit de 25 cent. pour chaque duplicata (l. 21 ventôse an VII, art. 22 ; Tarif, 21 septembre 1810).

Quel que soit l'intervalle entre l'inscription prise dans le premier bureau et celle requise dans les autres, le droit proportionnel n'est exigible qu'au premier (Déc. min. fin., 7 juillet 1819).

622. Le droit d'inscription n'est dû que sur le capital des créances, et non sur les intérêts ou arrérages à échoir, qu'ils soient ou non portés dans le bordereau.

Quant aux intérêts ou arrérages échus, ils sont soumis au droit, dès qu'ils sont réservés dans le bordereau.

Si l'inscription prise plus de deux années après la date du titre fait mention de deux années d'intérêts, sans indiquer si elles sont échues ou à échoir, ces deux années sont considérées, pour la perception du droit, comme échues (Déc. min. fin., 10 septembre 1823 ; Inst., 1146).

Pour les autres accessoires de la créance compris dans le bordereau, la même règle est suivie; ainsi les frais faits sont sujets à la perception, et les frais à faire éventuellement en sont exempts (Inst., 8 septembre 1824).

623. Le capital d'une rente viagère est évalué par l'inscrivant, sans qu'on puisse prétendre que le droit doit être fixé d'office à un capital formé de dix fois la rente (Del., 11 juin 1833 ; Inst., 30 septembre 1833).

624. Toute inscription nouvelle, qui a pour effet de proroger la durée de l'inscription primitive, est passible d'un nouveau droit proportionnel, notamment un renouvellement (Déc. min. fin., 29 juillet 1806, 5 septembre 1809).

Mais les inscriptions prises pour rectifier les irrégularités commises dans une première inscription ne sont pas assujetties au droit proportionnel (Av. Cons. d'État, 11 décembre 1810; Del., 4 juin 1812).

625. Ce qui précède s'applique aux inscriptions prises en vertu d'un partage d'ascendants :

1° Au profit des ascendants contre les donataires, pour sûreté de rentes ou pensions viagères créées au bénéfice des donateurs ;

2° Au profit des copartageants les uns contre les autres, pour les soultes ou retour de partage.

626. Il faut se rappeler que le conservateur des hypothèques n'inscrit pas d'office, au profit des donateurs, les charges imposées aux donataires par les actes de donation dont on requiert la transcription ; il est nécessaire de présenter un bordereau, parce que le donateur ne jouit d'aucun privilége à raison des charges stipulées dans son intérêt (Del., 27 mars 1830 ; Comp., Douai, 6 juillet 1852; Agen, 4 janvier 1854; Colmar, 30 mai 1865 ; Aubry et Rau, § 263).

627. L'inscription indéfinie, qui a pour objet la conservation d'un simple droit hypothécaire, sans créance existante, n'est point sujette au droit proportionnel (l. 6 messidor an VII, art. 1er).

Il en est ainsi de l'inscription prise par un copartageant, jusqu'à concurrence d'une certaine somme, sur les biens compris dans le lot de son copartageant, pour garantie du paiement de dettes communes mises à la charge de ce dernier. Cette garantie ne constitue qu'une créance éventuelle et indéterminée (Cass., 23 août 1830; Inst., 24 décembre 1830, 1347).

§ 2.

TRANSCRIPTION.

628. Le droit proportionnel de transcription sur les partages d'ascendants étant perçu lors de l'enregistrement, la formalité de la transcription ne donne lieu qu'au droit fixe de 1 fr., outre les salaires du conservateur (l. 21 juin 1875).

629. En général, la transcription doit être la copie entière des actes ; cependant, pour les partages d'ascendants, il est admis qu'un extrait littéral, renfermant tout ce qui a trait à l'un des lots, peut être transcrit séparément (Inst., 1569; Dict. not., *Trans.*, 189).

630. Il est d'usage de faire transcrire les procurations jointes aux actes; la mesure est bonne, mais le conservateur n'a pas le droit d'exiger que les procurations soient transcrites si l'expédition ne les contient pas.

631. Pour les partages entre vifs antérieurs à la loi du 21 juin 1875, qui n'ont acquitté que le droit de 1 fr. °/₀ lors de leur enregistrement, la transcription donne ouverture au droit de 1 fr. 50 c. °/₀, conformément à la loi du 16 juin 1824, article 3.

Les délais qui avaient été accordés pour la transcription de ces actes, moyennant le droit de 50 c. °/₀ sont expirés (l. 26 mars 1878, art. 6).

Le droit est calculé sur le revenu des immeubles, multiplié par 20, conformément aux lois antérieures à celle de 1875 (Sol., 14 juillet 1875).

632. Les actes de ratification ou confirmation d'un partage d'ascendant déjà transcrit ne doivent que le droit fixe (Sol., 23 juillet 1862).

FORMULES

PARTAGES ENTRE VIFS.

I.

PARTAGE PAR LES PÈRE ET MÈRE.

Pardevant Me Henry Maury et Me Eugène-Lucien Vastel, notaires à Nancy, soussignés,

Ont comparu :

M. Augustin-Félix Glory, propriétaire-agriculteur, et Mme Marie-Lucile Chatel, son épouse qu'il autorise, demeurant à Malzeville, canton de Nancy,

Lesquels ont dit que leur grand âge ne leur permettant plus de cultiver et faire valoir par eux-mêmes, et désirant aussi conserver après leur décès la bonne harmonie entre leurs enfants, ils sont dans l'intention de faire entre ces derniers le partage de leurs biens.

En conséquence, M. et Mme Glory ont, par ces présentes, fait donation entre vifs irrévocable, à titre de partage d'ascendants, en vertu des articles 1075 et 1076 du Code civil,

Au profit de :

1° M. Émilien Glory, leur fils, propriétaire-cultivateur, demeurant à Malzeville ;

2° Mme Marie-Héloïse Glory, leur fille, épouse de M. Casimir-Frédéric Douel, négociant, avec lequel elle demeure à Nancy, place Stanislas, n° 32 ;

3° Mlle Augustine Glory, leur fille mineure, étant née à Malzeville le 17 juin 1863, sans profession, demeurant chez ses père et mère,

Chacun pour un quart;

4° M. Benoît Charpentier, leur petit-fils, mineur, étant né à Metz le 17 mai 1867;

5° Mlle Sophie Charpentier, leur petite-fille, mineure, née à Metz le 13 septembre 1868.

Ces deux derniers issus du mariage de Mme Eudoxie Glory, fille des donateurs, décédée épouse de M. Ludovic-Martin Charpentier, entrepreneur de constructions, demeurant à Metz, rue de Thionville, n° 59.

Les deux mineurs Charpentier conjointement pour un quart ou *chacun pour un huitième* (mais avec accroissement au profit du survivant d'eux, dans le cas où l'un décéderait sans postérité).

Ce qui est accepté :

Par M. Émilien Glory lui-même, à ce présent;

Par Mme Douel, sous l'autorisation de son mari, tous deux présents;

Par Mlle Glory, mineure, par son père à l'égard des biens donnés par Mme Glory, et par cette dernière en ce qui concerne les biens donnés par M. Glory père (1);

Et pour les deux mineurs Charpentier par M. Charpentier, leur père, à ce présent,

Des biens dont la désignation suit :

DÉSIGNATION.

I. Propres de M. Glory :

1ent. Une maison située à Malzeville...

2ent. Une pièce de terre labourable..:

3ent. Un verger enclos de murs.

II. Propres de Mme Glory :

4ent. Une ferme située à Malzeville, dite le Château, comprenant...

5ent. Une pièce de terre plantée de vignes...

6ent. Un titre de 520 fr. de rente 3 °/₀ sur l'État français, inscrit au Grand-Livre de la dette publique au nom de Chatel (Marie-Lucile), femme Augustin-Félix Glory, sous le n° 17382 de la deuxième série, avec cette mention : « La présente rente forme

(1) Nous supposons en ce moment que l'acte ne renferme aucune clause pouvant mettre le mineur en opposition d'intérêt avec l'ascendant acceptant (V. n° 200).

S'il en était autrement, il faudrait faire accepter par un tuteur spécial, autorisé par le conseil de famille du mineur.

emploi du prix d'un propre touché suivant quittance passée devant Me Collin, notaire à Nancy, le 3 avril 1877. »

III. Conquêts de communauté.

7ent. Une pièce de terre en labour...

8ent. Une pièce en prairie...

9ent. Une créance de 10,000 sur M. Auguste Sauvey, cultivateur, demeurant à Eulmont, résultant d'une obligation, pour prêt, souscrite par acte passé devant Me Maury, l'un des notaires soussignés et son collègue, le 8 avril 1879.

Cette somme a été stipulée remboursable le... elle est productive d'intérêts...

A la garantie du remboursement de la somme prêtée, M. Sauvey a hypothéqué... sur lesquels inscription a été prise au bureau des hypothèques de Nancy, le..., vol..., n°...

Rapport par Mme Douel.

10ent. La somme de 20,000 fr., montant de la valeur du trousseau et du numéraire dont M. et Mme Glory ont fait donation, à charge de rapport, à Mme Douel, leur fille, aux termes de son contrat de mariage, passé devant Me... et son collègue, notaires à..., le...

Il est déclaré ici par les parties que les autres enfants ne doivent aucun rapport.

ÉTABLISSEMENT DE LA PROPRIÉTÉ.

I. Propres de M. Glory (1).

. . . .

II. Propres de Mme Glory.

. . . .

III. Conquêts.

. . . .

COMPOSITION ET ATTRIBUTION DES LOTS.

M. et Mme Glory, donateurs, ont fait entre les donataires la division des biens donnés.

(1) Des formules pour établir le droit de propriété, en toutes hypothèses, se trouvent dans notre *Traité pratique des ventes d'immeubles.*

Premier lot.

Le premier lot comprend :

1° La maison située à Malzeville...

2° Le rapport de 20,000 fr., fait par Mme Douel.

A la charge par ce lot de payer, à titre de soulte, 2,000 fr. au 3e lot.

Deuxième lot.

Le second lot se compose de :

1° La ferme dite le château...

Troisième lot.

Le troisième lot est composé de :

1° La pièce en prairie...

2° Et la somme de 2,000 fr. à toucher, à titre de soulte, du 1er lot.

Quatrième lot.

Le quatrième et dernier lot reste composé de :

1° La créance de 10,000 fr....

ATTRIBUTION. — TIRAGE AU SORT.

Pour remplir Mme Douel de son quart dans les biens compris dans la masse, les donateurs, avec l'assentiment des donataires, lui attribuent et abandonnent, à titre de partage :

Le premier lot ci-dessus.

Les trois autres lots, ainsi composés, ont été tirés au sort.

Il résulte de ce tirage qu'ils sont échus :

Le second à Mlle Glory ;

Le troisième à M. Emilien Glory ;

Et le quatrième à M. et Mlle Charpentier, conjointement.

Chacun des copartageants accepte le lot à lui échu et fait en faveur des autres tout abandonnement et dessaisissement nécessaires.

CONDITIONS.

1° Jouissance. — Usufruit.

Les copartageants jouiront et disposeront à part et divisément des biens compris au lot échu à chacun d'eux en pleine propriété, à partir de ce jour, excepté toutefois de la maison de Malzeville, comprise au 1er lot, dont Mme Douel ne jouira qu'au décès du survivant des donateurs.

M. et Mme Glory réservent l'usufruit, pendant leur vie et celle du survivant, de la maison de Malzeville, désignée sous le n° premier des biens donnés.

Cette réserve d'usufruit est faite aux charges de droit, et sous la condition expresse que les ascendants jouiront par eux-mêmes, sans pouvoir aliéner leur usufruit ni louer à qui que ce soit.

2° Rente viagère.

Les donateurs imposent aux donataires, qui s'y obligent, les mineurs Charpentier conjointement et solidairement, la condition de servir à M. et Mme Glory, donateurs, et au survivant d'eux, sans aucune réduction, une rente annuelle et viagère de 4,000 fr., qui prendra cours le... et sera payable en deux termes égaux, chaque année, pour faire le paiement du premier semestre le..., celui du second le..., et ainsi de suite jusqu'au décès du dernier survivant des donateurs.

Cette rente sera payée en la demeure des donateurs, et ceux-ci ne seront pas tenus de justifier de leur existence tant qu'ils recevront eux-mêmes (C. civ., 1983).

En raison de la réserve faite par les donateurs de l'usufruit de la maison de Malzeville, Mme Glory ne contribuera au service de la rente viagère que pour 700 fr. par an; le surplus de la rente sera acquitté par tiers entre les autres donataires, soit pour chacun 1,100 fr., les mineurs Charpentier conjointement.

La non-réduction de la rente viagère, au décès du prémourant des donateurs, est une condition essentielle sans laquelle la donation n'aurait point eu lieu.

En outre, les donataires renoncent formellement à exercer aucune récompense contre le survivant à raison de cette rente.

3° Paiement des dettes.

Les donataires seront tenus de payer en l'acquit des donateurs, et à l'époque d'échéance, les sommes dues par eux, à savoir :

1° Deux mille francs à M...

Les intérêts de ces sommes seront à la charge des donataires à partir du...

Les donataires se chargent aussi de payer les frais funéraires et de dernière maladie des donateurs, ainsi que les menues dettes qu'ils auraient contractées, jusqu'à concurrence de... francs.

4° Action révocatoire. — Hypothèque.

A défaut par les donataires d'exécuter les conditions de la présente donation, M. et Mme Glory, ou le survivant, pourront en faire prononcer la révocation.

En outre, pour garantir le paiement des charges imposées et l'exécution des conditions de la donation, les donataires affectent et hypothèquent spécialement les immeubles dévolus à chacun d'eux, sur lesquels ils consentent qu'il soit pris inscription au profit de M. et Mme Glory, donateurs.

Cette affectation hypothécaire, en ce qui concerne les mineurs, sera réitérée par chacun d'eux, à ses frais, dans le mois de sa majorité.

Il est formellement stipulé que l'inscription qui sera requise en vertu des présentes au profit des donateurs, pour sûreté de la rente viagère stipulée plus haut, devra être radiée sur la simple production de l'acte de décès du survivant, sans qu'il soit besoin d'aucun acte de main-levée, et M. le Conservateur, en la radiant ainsi, sera valablement déchargé de responsabilité.

5° Interdiction d'aliéner.

En raison de la rente viagère et des autres charges imposées, les donateurs interdisent formellement aux donataires d'aliéner ou hypothéquer, à quelque titre que ce soit, pendant la vie des donateurs et celle du survivant, tout ou partie des biens compris dans leurs lots, à peine de nullité des aliénations et hypothèques et de révocation des présentes.

6° Impositions.

Les donataires acquitteront les impositions de toute nature des immeubles entrés dans leurs lots, à compter de leur entrée en jouissance.

7° Assurance.

Les donateurs déclarent que la maison de Malzeville est assurée contre l'incendie pour une période de ... années, à partir du ..., à la Compagnie ..., dont le siége est à ..., suivant police en date du ..., n° ...

Mme Douel, attributaire de cette maison, sera tenue de maintenir et renouveler l'assurance jusqu'au décès du dernier vivant des donateurs.

En cas d'incendie total ou partiel, l'indemnité qui serait allouée par la compagnie d'assurances ne pourrait être touchée par Mme Douel sans le concours des donateurs ou du survivant, et devra être employée en entier à réédifier les constructions incendiées dans un délai maximum d'une année.

8° État des biens.

Les copartageants prendront les immeubles entrés dans leur lot en l'état où ils se trouvent, avec leurs dépendances, sans garantie tant du bon état des bâtiments que de la contenance indiquée aux terrains; ils ne pourront donc exercer aucune réclamation à ce sujet, soit les uns envers les autres, soit envers les donateurs, quelle que soit la différence entre les contenances réelles et celles qui sont indiquées.

9° Servitudes.

Chaque copartageant sera tenu de souffrir les servitudes passives pouvant grever le lot à lui échu, sauf à s'en défendre et à profiter de celles actives, s'il en existe, le tout à ses risques et périls et sans recours. *S'il y a des servitudes connues, les déclarer.*

10° Bornage. — Arbres. — Vues.

La division, en deux portions égales, et le bornage de la pièce de ..., entrée dans les deuxième et troisième lots, seront faits à frais communs dans le délai d'un mois.

Si, par suite de la division, il se trouve des arbres à une distance de la ligne séparative moindre que celle fixée par la loi (C. civ., 671), ils continueront d'exister; mais s'ils viennent à être arrachés ou à périr, pour quelque cause que ce soit, ils ne pourront être remplacés qu'à la distance légale.

Les bâtiments d'habitation de la ferme du château ayant deux ouvertures donnant sur le jardin du premier lot, à une distance inférieure à celle fixée par la loi (C. civ., 678), ces ouvertures devront être complètement bouchées dans le délai d'un an.

11° Garantie.

Les donataires seront garants les uns envers les autres de tous troubles et évictions, conformément à la loi (C. civ., 884 à 886).

A l'égard de la créance Sauvey, la solvabilité actuelle du débiteur est garantie; mais cette garantie cessera six mois après l'exigibilité de la créance, à moins que le copartageant dans le lot duquel elle est entrée, ne justifie avoir fait les diligences nécessaires pour arriver au remboursement.

12° Paiement de soulte.

La soulte de 2,000 fr. mise à la charge du premier lot sera payée dans le délai de deux ans, en une seule fois, sans intérêts.

Ce paiement aura lieu à Nancy, en l'étude de Me Maury, notaire soussigné, et ne pourra être effectué qu'en bonnes espèces d'or ou d'argent.

En cas de décès du débiteur avant sa libération, la dette sera solidaire et indivisible entre ses héritiers et représentants, sans que chacun d'eux puisse, pour se libérer, offrir sa part ou portion virile (C. civ., 1220, 1221).

A la sûreté et garantie du paiement de cette soulte, en principal et accessoires, les immeubles composant le premier lot demeurent affectés, par privilége spécial, au profit du troisième lot (C. civ., 2103, 3°, 2109; loi 23 mars 1855, art. 6).

13° Égalité d'avantages.

Les copartageants reconnaissent qu'au moyen du rapport de 20,000 fr. fait par Mme Douel, ils ne se devront aucun rapport au décès des donateurs, pour raison des libéralités que ceux-ci ont pu leur faire antérieurement à ce jour.

14° Donation d'excédant de lots.

Dans le cas où l'un ou l'autre des lots serait d'une valeur supérieure au quart des biens partagés, M. et Mme Glory font donation par préciput de l'excédant à celui ou ceux des donataires dans les lots desquels il se trouvera exister, ce qui est accepté expressément par chacun des donataires, personnellement ou par ses représentants légaux (C. civ., 1079).

15° Exécution du partage.

Le présent partage ayant été fait avec toute l'équité désirable, les donataires seront tenus de le respecter. Si cependant il venait à être attaqué, pour quelque motif que ce soit, par l'un des donataires, M. et Mme Glory déclarent priver de la quotité disponible celui qui se refusera à son exécution, et, pour ce cas, ils font donation par préciput et hors part de la quotité disponible à celui ou ceux des donataires contre lesquels l'action sera intentée, ce qui est accepté par les donataires (C. civ., 913, 1079).

16° Remise de titres.

Les copartageants ont fait entre eux la division des titres de propriété.

Remise a été faite :

A M. Emilien Glory, de :

1° ...

A Mme Douel, de :

1° ...

Enfin, à M. Emilien Glory, des titres communs ci-après indiqués :

1° ...

A la charge par M. Glory de communiquer ces titres à toute réquisition, sous récépissé, aux intéressés (C. civ., 842).

TRANSCRIPTION.

Une expédition des présentes sera transcrite aux bureaux des hypothèques de Nancy et de Toul, et les donataires feront remplir, si bon leur semble, les formalités prescrites par la loi pour la purge des hypothèques légales (C. civ., 939, 2193).

S'il se rencontre des inscriptions, outre celles garantissant la somme que les donataires sont chargés de payer, les donateurs s'obligent d'en rapporter les mainlevées et certificats de radiation dans le mois de la dénonciation qui leur en sera faite au domicile ci-après élu.

ÉTAT CIVIL.

M. et Mme Glory déclarent :

Qu'ils n'ont jamais été tuteurs de mineurs ou d'interdits, ni comptables de deniers publics (C. civ., 2121);

Qu'ils sont mariés en premières noces et soumis au régime dotal, aux termes de leur contrat, passé devant Me Lubin et son collègue, notaires à Nancy, le 10 juin 1840, duquel contrat l'article deux contient les dispositions suivantes :

« Nonobstant l'adoption du régime dotal, la future épouse pourra toujours, avec la simple autorisation de son mari, sans être tenue de remplir aucune formalité judiciaire : 1° ...

« 4° Faire donation entre vifs, à titre de partage anticipé, de ses biens dotaux, en faveur des enfants qui naîtront du mariage projeté. »

CERTIFICAT DE PROPRIÉTÉ.

Les parties requièrent Me Maury, notaire soussigné, de délivrer le certificat de propriété nécessaire pour faire immatriculer la rente sur l'État de 520 fr., au nom des deux mineurs Charpentier, conjointement et indivisément.

ÉVALUATION POUR L'ENREGISTREMENT.

Pour la perception du droit d'enregistrement, les parties évaluent : 1° Les immeubles donnés, à un revenu brut annuel de 8,000 fr., applicable pour 500 fr. à la maison de Malzeville ;

2° Et la rente sur l'État, d'après le cours de la bourse d'hier, étant de..., à un capital de...

FRAIS.

Les frais et droits des présentes, et tous ceux auxquels elles donneront ouverture, seront supportés par quart entre les donataires.

ÉLECTION DE DOMICILE.

Pour l'exécution des présentes, les parties ont élu domicile en leur demeure respective (ou : en l'étude de Me Maury, l'un des notaires soussignés) (C. civ., 111).

Et pour les formalités hypothécaires à remplir au bureau des hypothèques de Toul, domicile est élu en l'étude de Me Moliet, avoué à Toul (C. civ., 2148).

Dont acte :

Fait et passé à Nancy, en l'étude de Me Maury,

L'an mil huit cent quatre-vingt, le dix janvier.

Lecture faite des présentes et des articles 12 et 13 de la loi du 23 août 1871, les parties ont signé avec les notaires.

La lecture du présent acte par Me Maury, et la signature par les parties, ont eu lieu en présence de Me Vastel, notaire en second (l. 21 juin 1843, art. 2).

II.

PARTAGE PAR LE SURVIVANT. — LIQUIDATION PRÉALABLE. — USUFRUIT. — INDIVISION.

Pardevant Me Lortat, notaire à Cahagnes (Calvados), soussigné,

En présence de MM. Ernest Refluet, cultivateur, et Ludovic Collin, marchand épicier, demeurant l'un et l'autre à Cahagnes,

Témoins instrumentaires, aussi soussignés,

Ont comparu :

1° Madame Augustine Hamel, propriétaire et cultivatrice, demeurant à Cahagnes, veuve de M. Amand-François Marie,

Agissant :

1ent. A cause de la société réduite aux acquêts ayant existé entre elle et M. Marie, aux termes de leur contrat de mariage, passé devant Me Niobey, notaire à Caumont, le 17 mai 1846 ;

2ent. Comme créancière de cette société et de la succession de son mari, pour reprises et conventions matrimoniales ;

3ent. En qualité de donataire de la moitié en usufruit des biens meubles et immeubles composant la succession de son mari, en vertu d'un acte de donation entre vifs, reçu par Me Lortat, soussigné, en présence de deux témoins, le 25 septembre 1879 ;

D'une part.

2° M. Paul-Lucien Marie, percepteur des contributions directes, demeurant à Bayeux ;

3° Et Mlle Marie-Elise Marie, fille majeure, sans profession, demeurant à Cahagnes.

M. et Mlle Marie, seuls enfants et présomptifs héritiers, chacun pour moitié, de Mme veuve Marie, née Hamel,

Et seuls héritiers, chacun pour moitié, de M. Amand-François Marie, leur père, cultivateur, décédé en sa demeure, à Cahagnes, le 2 mars 1880, ainsi qu'il est constaté par un acte de notoriété, à défaut d'inventaire, reçu par Me Lortat, notaire soussigné, le 4 avril 1880 ;

D'autre part.

Lesquels, préalablement aux liquidation, donation et partages faisant l'objet des présentes, ont exposé ce qui suit :

EXPOSÉ.

I. — Contrat de mariage de M. et Mme Marie Hamel.

M. Amand-François Marie et Mme Augustine Hamel se sont mariés à la mairie de Cahagnes, le 20 mai 1846, après avoir arrêté les clauses et conditions civiles de leur union, suivant contrat passé le 17 du même mois, devant Me Niobey, notaire à Caumont.

Aux termes de ce contrat :

1° Les lors futurs époux ont adopté le régime dotal, avec constitution en dot de tous les biens présents et à venir de la femme, sous réserve du droit de les vendre et échanger, sous la simple autorisation du mari, sans formalités judiciaires, moyennant remploi.

2° Ils ont établi entre eux une société d'acquêts meubles et immeubles qui seraient faits pendant le mariage ;

3° Le futur époux a apporté :

1ent. Ses linges, hardes et bijoux personnels estimés à 500 fr.

2ent. Une rente perpétuelle de 350 fr., exempte de retenue, payable en la demeure du créancier le 10 juin de chaque année, due par M. Louis Ledru et autres, reconnue en dernier lieu par acte devant Me Daufresne, notaire à Caen, le 30 octobre 1839.

Cette rente a été amortie comme il sera dit plus bas (III).

3ent. Une pièce de terre en labour, située à Cahagnes, lieu dit les Longues-Raies, contenant environ 1 hectare 17 ares.

4ent. Une autre pièce de terre labourable, située aussi à Cahagnes, nommée l'Ébat, contenant 78 ares environ.

Ces deux pièces de terre existent en nature.

L'apport du futur a été déclaré libre de toute dette.

4° La future a fait apport :

1ent. Des vêtements, linges et bijoux à son usage personnel et de divers meubles et objets mobiliers, le tout d'une valeur de 2,000 fr.

2ent. Une ferme située à Cahagnes, nommée la Déverie, comprenant bâtiments, cour, jardin, labour et herbage, d'une superficie de 17 hectares 75 ares.

Deux pièces de terre faisant partie de cette ferme ont été vendues pendant le mariage (IV), une autre a été échangée (IV, 2°), le surplus existe en nature.

Il a été fait aux bâtiments de la ferme de grosses réparations (VI).

L'apport de la future épouse était grevé d'une dette hypothécaire de 4,000 fr., qui a été acquittée pendant le mariage (V).

5° Un préciput de 2,000 fr. a été stipulé au profit du survivant, à prendre en argent ou en meubles de société, au choix du dernier vivant.

II. Successions recueillies par les époux.

1ent. M. Amand-François Marie n'a recueilli pendant le mariage aucune succession, donation ni legs.

2ent. Mme Marie, née Hamel, a recueilli deux successions, et il lui a été fait un legs.

§ 1er.

M. Jean-François Hamel, propriétaire, veuf de Mme Ludivine Levard, est décédé en sa demeure, à Ryes, le 2 mai 1860, laissant pour seuls héritiers ses trois enfants, au nombre desquels Mme Marie, sa fille, ainsi qu'il est constaté par l'intitulé de l'inventaire fait après son décès, par Me Toutain, notaire à Ryes, le 4 juillet 1861.

Il a été procédé à la liquidation et au partage de la succession de M. Hamel, suivant acte reçu par Me Toutain, notaire à Ryes, le 4 juillet 1861.

Pour remplir Madame de ses droits, fixés à 16,000 fr., il lui a été abandonné :

1° Deux pièces de terre en labour, situées à Crépon, nommées les Ailes, contenant ensemble 1 hectare 22 ares, estimées à.	4,600 fr. »
2° Une rente perpétuelle de 250 fr., due par M. Eugène Turpin, estimée à.	5,000 »
3° 320 fr. de rente sur l'État français, cinq pour cent, en un titre n° 77342 de la 3e série, estimé à.	6,400 »
Total égal.	16,000 »

Cette attribution a été faite sans soulte ni retour, soit au profit, soit à la charge de Mme Marie.

Les biens ainsi abandonnés à Mme Marie, née Hamel, existent en nature.

Les droits de mutation par décès, dettes et frais de partage, ont été prélevés sur la masse active avant le partage, de sorte qu'il n'y a aucun compte à établir à cet égard.

§ 2.

Mme Marie a recueilli la succession de M. François-Martin Levard, son oncle.

Cette succession a été partagée suivant acte reçu par Me Martin, notaire à Bayeux, le 1er mars 1857 ; il a été attribué à Mme Marie, pour tous ses droits dans la succession, une somme de 7,660 fr., nette de tous frais et droits ; laquelle somme a été encaissée, ainsi qu'il résulte du partage.

§ 3.

Aux termes d'un acte reçu par Me Hervieu, notaire à Cheux, le 27 avril 1872, M. Carolin-Bonnet Lance a fait ses dispositions testamentaires ; il a légué notamment, à titre particulier, à Mme Marie, sa cousine, la somme de 5,000 fr., payable dans l'année du décès du testateur, sans intérêts.

M. et Mme Marie ont encaissé cette somme de 5,000 fr., ainsi que le constate une quittance reçue par Me Hervieu, le 4 septembre 1874.

D'un autre côté, il a été payé, pour les droits de mutation et honoraires de testament occasionnés par ce legs, la somme de 456 fr.

III. Amortissement de rente.

La rente perpétuelle de 350 fr., apportée en mariage par M. Marie, a été amortie par M. Ledru et ses codébiteurs, moyennant : 1° le paiement d'une somme de 2,000 fr. ; 2° et la remise d'un titre de rente française cinq pour cent, de 225 fr., n° 17326, série 4e, ainsi que le constate une quittance reçue par Me Niobey, notaire à Caumont, le 17 janvier 1852.

La rente sur l'État, ainsi remise en paiement à M. Marie, existe en nature et est immatriculée en son nom, sous le n° 82741 de la 4e série.

IV. Aliénation des propres de Mme Marie.

1° Aux termes d'un contrat passé devant Me Marcel, notaire à Bayeux, le 4 octobre 1847, M. et Mme Marie ont vendu à M. Eugène Bellenger, propriétaire, demeurant à Cahagnes, deux pièces de terre, situées en cette commune, nommées les Delles, contenant ensemble 95 ares 18 centiares, pour le prix de 3,870 fr., payé comptant, aux termes du contrat qui en contient quittance.

2° Par acte devant Me Pain, notaire à Formigny, le 8 août 1861, M. et Mme Marie ont cédé à M. Auguste Vaquerie, propriétaire, demeurant à Balleroy, une pièce de terre en herbe, située à Cahagnes, nommée le Fouet, contenant 48 ares 22 centiares, faisant partie de la ferme comprise dans l'apport en mariage de Mme Marie.

En échange, M. Vaquerie a cédé à Mme Marie une pièce de terre labourable, sise à Cahagnes, appelée la Tuile, contenant 79 ares 48 centiares.

Cet échange a eu lieu moyennant une soulte de 500 fr., à la charge de M. Vaquerie, qui l'a payée comptant.

M. Vaquerie a aussi été chargé de payer seul les frais de l'acte d'échange.

V. Paiement d'une dette propre de Mme Marie.

La somme de 4,000 fr., grevant l'apport en mariage de Mme Marie, a été payée, ainsi que le constate une quittance reçue par Me Moutier, notaire à Courseulles, le 2 juin 1847.

La société d'acquêts a déboursé, outre le capital, la somme de 62 fr. pour les frais de quittance et de radiation de l'inscription hypothécaire.

VI. Impenses aux propres de Mme Marie.

En l'année 1859, un mur de l'étable dépendant du corps de ferme appartenant à Mme Marie s'est écroulé, il a été reconstruit; la dépense s'est élevée à 2,300 fr., dont Mme Marie doit récompense à la société d'acquêts, cette reconstruction étant nécessaire.

VII. Dot constituée à M. Marie fils.

Suivant acte reçu par Me Boutrais, notaire à Clécy, le 24 juillet 1873, M. et Mme Marie ont fait donation à M. Paul-Lucien Marie d'une somme de 10,000 fr., qui a été versée comptant.

Cette somme a été stipulée rapportable à la succession du prémourant des donateurs.

VIII. Acquisitions d'immeubles.

1° Suivant contrat passé devant Me Luc, notaire à ..., le ..., M. et Mme Marie ont acquis de M. Ludovic Mas une prairie située à Cahagnes, nommée le Val, contenant 2 hectares 50 ares, moyennant le prix de 12,000 fr. payé comptant.

2° Aux termes d'un contrat passé devant Me Bac, notaire à Luc, le 2 juin 1870, M. et Mme Marie ont acquis de M. Louis Lendormy une pièce de terre située à Cahagnes, lieu dit la Delle-de-Haut, contenant 2 hectares 72 ares, pour le prix de 9,500 fr., qui a été payé, ainsi que le constate une quittance reçue par le même notaire, le 8 octobre 1870.

IX. Donation par M. Marie à sa femme.

M. Marie a fait donation à son épouse, née Hamel, de l'usufruit, avec dispense de caution et d'emploi, de tous les biens meubles et immeubles qui composeraient la succession du donateur, aux termes d'un acte reçu par Me Lortat, notaire soussigné, le 25 septembre 1879.

Dans cet acte il a été dit qu'en cas d'existence d'enfants, la donation serait réduite à l'usufruit de moitié des mêmes biens, toujours avec dispense de caution et d'emploi.

X. Décès de M. Marie.

Etat des société d'acquêts et succession.

M. Amand-François Marie, décédé le 2 mars 1880, laissait pour seuls héritiers, par égales portions entre eux, M. et Mlle Marie, comparants, ses deux enfants alors majeurs.

Les parties n'ont pas fait dresser d'inventaire.

Elles déclarent qu'il dépend de la société d'acquêts,

Activement :

1° Divers meubles et objets mobiliers garnissant l'habitation de Cahagnes, estimés à 15,760 fr. ;

2° Une somme de 3,300 fr. en deniers comptants ;

3° Le prorata au décès de M. Marie du revenu des biens des deux époux, montant à 1,720 fr. ;

4° Une créance de 8,000 fr. sur M. Étienne Bigot, cultivateur, demeurant à Cahagnes, résultant d'un acte reçu par Me Lortat, soussigné, le 2 avril 1876 ;

Cette créance est actuellement exigible ; elle produit des intérêts au taux de 5 %, à compter du ...

Elle est garantie par une inscription prise au bureau des hypothèques de Bayeux, le ..., vol. ..., n° ...

5° Une rente française 5 % de 740 fr., inscrite au Grand-Livre de la dette publique au nom de Marie (Amand-François), n° 92751, 5e série ;

6° Les deux immeubles acquis par les contrats énoncés plus haut (VIII).

Passivement :

1° La somme de 6,000 fr. due chirographairement à M. Marc Bertin, propriétaire, demeurant à Bayeux,

Et 55 f. pour intérêts de cette somme courus au décès ;

2° Diverses menues dettes montant à 775 fr. ;

Que la succession de M. Marie comprend :

Activement :

1° Les deux immeubles par lui apportés en mariage (I) ;

2° La rente sur l'État de 225 fr. (III) ;

Passivement :

Les frais funéraires et de deuil montant à 1,690 fr.

XI. Paiement des droits de mutation.

Les droits de mutation, dus par suite du décès de M. Amand-François Marie, ont été acquittés au bureau de Bayeux, le 15 mai 1880 ; ils se sont élevés à 1,580 fr., savoir :

A la charge de Mme veuve Marie comme donataire. .	620 »
A la charge des deux enfants	960 »
Égalité.	1,580 »

Cette somme a été prise sur les deniers comptants dépendant de la société d'acquêts, à laquelle le rétablissement en sera fait par les parties.

Après cet exposé, les comparants ont passé de suite aux opérations :

PREMIÈRE OPÉRATION.

LIQUIDATION ET PARTAGE DE LA SOCIÉTÉ D'ACQUÊTS AYANT EXISTÉ ENTRE M. ET Mme MARIE.

I. — Reprises et récompenses.

1ent. Mme veuve Marie.

Mme veuve Marie a droit à la reprise en deniers de :

1° 2,000 fr., valeur du trousseau qu'elle a apporté en mariage (Exposé I) . . . . 2,000 »

A reporter . . . . . 2,000 »

Report. . . . . . . 2,000 »

2° 7,660 fr., qu'elle a recueillis dans la succession de M. Levard, son oncle (II, § 2). . . . . 7,660 »

3° 5,000 fr., montant du legs qui lui a été fait par M. Lance (II, § 3) . . . . 5,000 »

4° 3,870 fr., prix de vente à M. Bellenger (IV) . . 3,870 »

5° 500 fr., soulte reçue de M. Vacquerie (IV). . . 500 »

Total. . . . . . 19,030 »

Mme Marie doit récompense de :

1° 456 fr., montant des frais occasionnés par le legs de M. Lance (II, § 3) . . . . 456 »

2° 4,062 fr., pour l'extinction d'une dette à elle personnelle (V). . . . . 6,062 »

3° 2,300 fr., impense sur l'un de ses biens propres (VI) . . . . 2,300 »

Total. . . . . . . 8,818 » 8,818 »

Il reste net comme reprise en deniers. . . . . 10,212 »

2ent. Succession de M. Marie.

La succession de M. Marie a droit à la reprise en deniers de :

1° 500 fr., valeur des linges, hardes et bijoux apportés en mariage par M. Marie. . . . . 500 »

2° 2,000 fr., reçus en deniers pour amortissement de la rente apportée en mariage (III) . . . . 2,000 »

Total. . . . . 2,500 »

La succession de M. Marie doit récompense de la dot de 10,000 fr. faite à M. Marie fils, stipulée imputable sur la succession du prémourant de M. et Mme Marie (VII). 10,000 »

Par suite, la succession de son mari doit à la société d'acquêts . . . . 7,500 »

II. — Masse active.

Art. 1er. Mobilier.

Les meubles et objets mobiliers garnissant l'habitation de Cahagnes, estimés à. . . . . 15,760 »

A reporter. . . . . 15,760 »

Report. . . . . . 15,760 »

Ils sont décrits dans un état demeuré annexé aux présentes, après avoir été certifié véritable par les comparants et revêtu d'une mention d'annexe par le notaire soussigné.

Art. 2. Deniers comptants.

La somme de 3,300 fr. montant des deniers comptants qui existaient au décès de M. Marie. . . 3,300 »

De laquelle on déduit 1,580 fr. employés au paiement des droits de mutation et dont le rétablissement se fait sous l'article 3 . . 1,580 »

Reste. . . . . 1,720 » 1,720 »

Art. 3. Rétablissement.

Cet article comprend le rétablissement des 1,580 fr. employés au paiement des droits de mutation par décès :

Pour Mme Marie . . . . 620 »

Pour les enfants . . . . 960 »

Égalité. . . . . 1,580 » 1,580 »

Art. 4. Prorata de revenus.

La somme de 1,720 fr., prorata de revenus des biens propres des époux, calculés au jour du décès . . . 1,720 »

Art. 5. Créance Bigot.

La somme de 8,000 fr., montant de la créance sur M. Bigot, énoncée plus haut. . . . . . 8,000 »

Et 125 fr. pour intérêts de cette créance, courus du... au décès. . . . . 125 »

Ensemble. . . . . 8,125 » 8,125 »

Art. 6. Rente sur l'État.

Une rente sur l'État français, 5 %, de 740 fr., inscrite au nom de feu M. Marie, sous le n° 92751, 8e série, évaluée au cours du jour du décès, étant de... à 16,200 fr. . . . . 16,200 »

A reporter. . . . . 45,105 »

Report . . . . . . 45,105 »

Art. 7. Immeubles.

1ent. Une prairie, située à Cahagnes, nommée le Val, contenant 2 hectares 50 ares (désignation complète).

Cette prairie, acquise de M. Mas, par le contrat énoncé en l'exposé VIII, est estimée à . . . . 14,000 »

2ent. Une pièce de terre, sise à Cahagnes, appelée la Delle-de-Haut, contenant 2 hectares 72 ares, acquise de M. Lendormy (VIII).

Laquelle pièce de terre est estimée à. . . . . . . 10,000 »

Art. 8. Récompense par la succession.

La somme de 7,500 fr., montant de la récompense due à la société par la succession de M. Marie, comme il a été expliqué plus haut. . . . . 7,500 »

Total de la masse active. . . . . 76,605 »

III. — Masse passive.

Art. 1. Reprises de Madame Marie.

La somme de 10,212 fr., montant des reprises nettes, en deniers, auxquelles Mme Marie a droit. . . . . 10,212 »

Art. 2. Préciput.

La somme de 2,000 fr., formant l'importance du préciput stipulé au profit du survivant dans le contrat de mariage de M. et Mme Marie. . . . . 2,000 »

Art. 3. Créance de M. Bertin.

La somme de 6,000 fr., due à M. Bertin, propriétaire, demeurant à Bayeux. . . . . 6,000 »

Et 55 fr. pour intérêts de cette somme, au taux de 5 %, courus du... au décès. . . 55 »

Ensemble. . . . . 6,055 » 6,055 »

Art. 4. Dettes diverses.

Cet article comprend diverses menues dettes qui existaient au décès de M. Marie, montant à 775 fr. . . 775 »

Total de la masse passive. . . . . 19,042 »

IV. — Balance et division.

1ent. La masse active s'élève à.		76,605 »
Celle passive, à.		19,042 »
Reliquat.		57,563 »
Dont moitié pour chaque époux est de.		28,781 50
2ent. Mme veuve Marie a droit à :		
1° Moitié de l'actif net.		28,781 50
2° Les reprises nettes		10,212 »
3° Son préciput.		2,000 »
Ensemble.		40,993 50
La succession de M. Marie n'a droit qu'à la moitié de l'actif net		28,781 50
Le passif à acquitter comprend :		
Créance Bertin.	6,055 »	
Dettes diverses.	775 »	
Ensemble.	6,830 »	6,830 »
Somme égale à l'actif brut.		76,605 »

V. — Abandonnements.

1ent. Au profit de Mme veuve Marie.

Pour remplir Mme veuve Marie de ses droits, montant à 40,993 fr. 50 c. en pleine propriété dans la société d'acquêts, M. et Mlle Marie lui cèdent et abandonnent, à titre de partage, ce qu'elle accepte :

1° Le mobilier compris sous l'article 1er de la masse active, estimé à	15,760 »
2° La somme de 620 fr., montant du rétablissement qu'elle doit.	620 »
3° 4,413 fr. 50 à prendre sur la créance Bigot, portée article 5.	4,413 50
4° La rente sur l'État faisant l'objet de l'article 6, estimée à.	16,200 »
5° Les quatre dixièmes à prendre au nord de la pièce de terre appelée la Delle-de-Haut, faisant partie de l'article 7, estimés à	4,000 »
Total égal.	40,993 50

2ent. Au profit de la succession.

Pour remplir la succession de M. Amand-François Marie de ses droits fixés à 28,781 fr. 50 c., Mme veuve Marie lui cède et abandonne, à titre de partage, ce qui est accepté par M. et Mlle Marie :

1° 960 fr., montant du rétablissement fait par les enfants Marie pour droit de succession. . . . . 960 »

2° 321 fr. 50 c., à prendre sur le prorata de revenus compris sous l'article 4 . . . . 321 50

3° La récompense due par la succession à la société d'acquêts, art. 8. . . . . 7,500 »

4° La prairie située à Cahagnes, faisant partie de l'article 7, estimée à . . . . 14,000 »

5° Le six dixièmes à prendre au sud de la pièce de terre appelée la Delle-de-Haut, comprise article 7, estimés à . . . . 6,000 »

Total égal. 28,781 50

3ent. Acquit du passif.

Pour faire face à l'acquit du passif, montant à 6,830 fr., les parties affectent :

1° Les deniers comptants (art. 2 de l'actif). . . . 1,720 »

2° 1,398 fr. 50, à prendre sur le prorata de revenus porté article 4. . . . . 1,398 50

3° Et 3,711 fr. 50, à prendre sur la créance Bigot, article 5 . . . . 3,711 50

Égalité. . . . . 6,830 »

Tous pouvoirs sont donnés à Mme veuve Marie pour le recouvrement de ces sommes et le paiement du passif; donner et retirer quittance, faire mainlevée et consentir à la radiation de toutes inscriptions, et généralement faire le nécessaire.

(*A la place du pouvoir, on peut mettre :*

Le passif incombe pour moitié à chacun des époux, soit 3,415 fr. Mais les parties conviennent : que Mme veuve Marie acquittera le passif, à concurrence de 3,711 fr. 50, au moyen de l'abandon que lui font ses enfants de semblable somme sur la créance Bigot.

Que les enfants Marie contribueront au passif pour 3,118 fr. 50, par suite de l'abandon qui leur est fait par Mme veuve Marie des deniers comptants, 1,720 fr., et de 1,398 fr. 50 sur le prorata de revenu.

Ce passif devra être acquitté dans le délai de quinze jours.

Toutefois, il faut bien observer que tout abandon de somme à une partie pour l'acquit du passif, donne ouverture au droit de 1 °/o sur ce qui excède la part incombant à l'attributaire.)

DEUXIÈME OPÉRATION.

LIQUIDATION ET PARTAGE DE LA SUCCESSION DE M. MARIE.

—

I. — Masse active.

Art. 1er. Rétablissement.

La somme de 960 fr., montant du rétablissement fait par enfants Marie (n° 1 de l'abandonnement ci-dessus) . . . . 960 »

Art. 2. Revenu.

La somme de 321 fr. 50, formant l'importance des revenus (n° 2) 321 50

Art. 3. Rente sur l'État.

La rente sur l'État de 225 fr., 5 °/o, n° 82,741 de la 4e série, inscrite au nom de Marie (Armand-François), énoncée en l'exposé (III), estimée, au cours du jour du décès étant de... à 5,030 fr. . . . . 5,030 »

Art. 4. Immeubles.

1° Une pièce de terre labourable, située à Cahagnes, lieu dit les Longues-Raies, contenant 1 hectare 17 ares.

Cette pièce estimée à. . . . . 6,500 »

2° Une pièce de terre en labour, située à Cahagnes, appelée l'Ébat, contenant 78 ares.

Cette pièce est estimée à. . . . . . . 4,000 »

Les deux pièces ci-dessus faisaient partie de l'apport en mariage de M. Marie et lui

A reporter. . . . . 10,500 » 6,311 50

Reports.	10,500 »	6,311 50
appartenaient en vertu du partage des successions de ses père et mère, reçu par M^e... notaire à..., le 10 mai 1846.		
3° La prairie située à Cabagnes, attribuée à la succession dans le partage de communauté qui précède.		
Estimée à	14,000 »	
4° Les six dixièmes au sud de la pièce nommée la Delle-de-Haut, aussi attribuée à la succession par le partage ci-dessus.		
Estimée à 6,000 fr.	6,000 »	
Ensemble.	30,500 »	30,500 »

Art. 5. Rapport.

Cet article comprend le rapport dû par M. Marie à la succession de son père (Exposé VII) . . . . 10,000 »

Total de la masse active. 46,811 50

II. — Masse passive.

Article unique. Frais funéraires.

La somme de 1,690 fr., montant des frais funéraires de M. Marie et ceux de deuil . . . . 1,690 »

III. — Balance et division.

Masse active.	46,811 50
Masse passive.	1,690 »
Reste comme actif net.	45,121 50
La moitié soumise à l'usufruit de Mme Marie est de.	22,560 75

Cette moitié revient en nue-propriété aux deux enfants Marie par égales portions entre eux.

L'autre moitié leur appartient en pleine propriété par portions égales.

IV. — Abandonnement d'usufruit.

Pour remplir Mme veuve Marie de la somme de 22,560 fr. 75 c., montant de ses droits d'usufruit, les autres parties lui attribuent, ce qu'elle accepte à titre de partage, l'usufruit et jouissance pendant sa vie de :

1° Six dixièmes de la pièce de terre appelée la Delle-de-Haut, estimés à	6,000 »
2° La pièce des Longues-Raies, estimée à 6,500 fr. .	6,500 »
3° La pièce de l'Ébat, estimée à.	4,000 »
4° Six quatorzièmes à prendre au levant dans la prairie de Cahagnes, estimés à.	6,000 »
5° Et 60 fr. 75 c. à prendre dans les revenus portés article 2.	60 75
Total égal.	22,560 75

V. — Acquit du passif.

Le passif de succession, montant à 1,690 fr., sera acquitté par les deux enfants Marie; les parties affectent, à cet effet, semblable somme à prendre sur la rente sur l'État, article 3.

VI. — Indivision.

M. et Mlle Marie feront le partage de la succession de leur père ultérieurement comme ils aviseront bien.

CONDITIONS DES DEUX PARTAGES QUI PRÉCÈDENT.

1re. Jouissance.

Mme Marie aura la jouissance divise des biens qui lui ont été abandonnés en pleine propriété et en usufruit, à compter du décès de M. Marie père.

2e. État des biens.

Les biens abandonnés seront pris dans l'état où ils se trouvent.

3e. Servitudes.

Mme Marie souffrira les servitudes passives qui peuvent grever les biens et profitera de celles actives, s'il en existe, à ses risques et périls.

4e. Impôts.

Elle paiera les impôts et charges de toute nature, à compter du décès de M. Marie.

TROISIÈME OPÉRATION.

PARTAGE D'ASCENDANT.

. . . .

Mme veuve Marie, née Hamel, fait donation entre vifs, conformément aux articles 1075 et suivants du Code civil,

A M. et Mlle Marie, ses deux enfants, qui acceptent,

De tous les biens lui appartenant en pleine propriété, consistant en :

1ent. Meubles.

1° Le mobilier, détaillé dans l'État ci-joint et estimé à 15,760 fr.;

2° La créance Bigot, s'élevant à 8,000 fr.;

3° La rente sur l'État, de 740 fr. 5 %;

Ces biens proviennent à Mme Marie des attributions qui lui ont été faites plus haut.

4° Une rente perpétuelle de 250 fr., exempte de retenue, au capital de 5,000 fr., due par M. Eugène Turpin, portable le 15 juin de chaque année, créée par acte devant Me Aubry, notaire à Caen, le 7 mai 1817, et reconnue en dernier lieu aux termes d'un acte reçu par Me Daufresne, notaire à Caen, le 16 septembre 1870 ;

Laquelle rente est hypothéquée sur une maison située à Lasson, et une pièce de terre en labour sise à Mondeville, nommée le Cœur, contenant 2 hectares 28 ares, sur lesquels inscription a été prise au bureau des hypothèques de Caen, le 22 octobre 1877, vol. 1780, n° 77.

5° 320 fr. de rente 5 % sur l'État français, inscrits au Grand-Livre de la dette publique, n° 77342, série 3e, au nom de Hamel (Augustine), femme de Amand-François Marie.

Ces deux rentes proviennent à Mme Marie de la succession de M. Jean-François Hamel, son père, ainsi qu'il est expliqué en l'exposé.

2ent. Immeubles.

1° Une ferme située à Cahagnes, nommée la Déverie, comprenant : . . . . .

Cette ferme, sauf la pièce qui va être indiquée, provient à Mme veuve Marie de la succession de Mme Ludivine Levard, sa mère, épouse de M. Jean-François Hamel, décédée à Cahagnes le 2 avril

1845, dont elle était seule héritière, ainsi que le constate un acte de notoriété, à défaut d'inventaire, reçu par Me ..., notaire à ..., le ....

La pièce de terre appelée la Tuile, faisant partie de cette ferme, appartient à Mme Marie comme l'ayant reçue, en échange de l'un de ses propres, de M. Auguste Vaquerie, aux termes d'un acte reçu par Me Paris, notaire à Formigny, le 8 août 1861, énoncé en l'exposé IV.

2° Deux pièces de terre en labour, situées à Tréport, nommées les Ailes, contenant ensemble 1 hectare 22 ares, appartenant à Mme veuve Hamel, en vertu du partage de la succession de M. Jean-François Hamel, son père, passé devant Me Toutain, notaire à Ryes, le 4 juillet 1861, déjà visé en l'exposé II, § 1er.

3° Quatre dixièmes, au nord, d'une pièce de terre appelée la Delle-de-Haut, contenant en totalité 2 hectares 72 ares.

Cette portion a été abandonnée à Mme veuve Marie par le partage de société qui précède.

CONDITIONS.

Cette donation est faite aux charges, clauses et conditions suivantes :

1re. Jouissance. — Usufruit.

Les donataires auront la propriété des biens donnés, à compter de ce jour.

Mme veuve Marie impose aux donataires qui s'y soumettent la condition de la laisser jouir, à titre d'usufruitière pendant sa vie, avec dispense de caution, tant des biens par elle donnés que de ceux dépendant de la succession de son mari, excepté toutefois du rapport fait par M. Marie fils et de la rente sur l'État de 740 fr. 5 °/o dont les donataires auront de suite la jouissance.

La donatrice ne pourra donner à bail les immeubles soumis à son usufruit, pour une durée excédant le premier octobre qui suivra son décès.

En cas de remboursement ou d'amortissement des rentes et créances soumises à l'usufruit de Mme veuve Marie, il en sera fait emploi en rentes sur l'État français 5 °/o, qui devront être immatriculées pour l'usufruit au nom de Mme Marie et pour la nue-propriété au nom des donataires.

A quelque époque que ce soit, Mme veuve Marie pourra renoncer à cet usufruit; et, dans ce cas, ses enfants lui feraient chacun pour moitié, une rente annuelle et viagère de 3,600 fr. payable en la demeure de la crédirentière, le ...

2°. Impôts.

Les impôts des biens compris aux présentes seront acquittés par Mme veuve Marie pendant toute la durée de son usufruit.

3°. Servitudes.

Les donataires supporteront les servitudes passives apparentes ou occultes, continues ou discontinues, pouvant grever les biens donnés, sauf à s'en défendre et à faire valoir celles actives, s'il en existe, à leurs risques et périls.

TRANSCRIPTION. — ÉTAT CIVIL.

. . . . (V. la 1re formule).

REMISE DE TITRES.

Mme veuve Marie a remis aux donataires le titre de la rente sur l'État de 740 fr. 5 %.

Quant aux autres titres, ils resteront entre les mains de l'usufruitière, à la charge d'en aider les donataires à toute réquisition sous récépissé.

DÉCLARATION POUR L'ENREGISTREMENT.

Pour la perception des droits d'enregistrement seulement, les parties évaluent :

1° Les immeubles donnés à un revenu brut annuel de 4,800 fr.;

2° Les rentes sur l'État, d'après le cours de la bourse d'hier, étant de ... à ....;

3° La rente perpétuelle à 5,000 fr. de capital.

QUATRIÈME OPÉRATION.

PARTAGE PARTIEL.

M. et Mlle Marie ont procédé au partage en deux lots des biens leur appartenant en pleine propriété en vertu des présentes, comprenant :

Le rapport de 10,000 fr. dû par M. Marie.

La rente de 740 fr. 5 % sur l'État.

1° M. Marie.

Pour remplir M. Marie de sa moitié dans les biens en question, Mlle Marie lui abandonne, à titre de partage, ce qu'il accepte :

1° Le rapport de 10,000 fr. qu'il doit;

2° 140 fr. de rente sur l'État à prendre dans le titre sus-énoncé.

2° Mlle Marie.

Pour remplir Mlle Marie de sa moitié dans les mêmes biens, M. Marie lui abandonne, à titre de partage, ce qu'elle accepte :

600 fr. de rente 5 °/o sur l'État sur le titre de 740 fr. dont il s'agit.

Les copartageants auront de ce jour la jouissance divise des biens partagés.

Me Lortat est requis de délivrer tous certificats de propriété nécessaires pour faire immatriculer les rentes sur l'État, conformément aux attributions qui précèdent.

SUSPENSION DE PARTAGE.

En raison de l'existence de l'usufruit de Mme veuve Marie, M. et Mlle Marie conviennent de suspendre le partage des biens indivis entre eux, pendant une durée de cinq années, à compter de ce jour (C. civ., 815). En conséquence, ils s'interdisent, durant ce temps, d'en demander le partage.

Mais cette condition cesserait d'être obligatoire et le partage pourrait être demandé, si l'usufruit de Mme veuve Marie venait à s'éteindre avant l'expiration des cinq ans.

PAIEMENT DE DETTES.

Mme veuve Marie acquittera seule, ainsi qu'elle s'y oblige, toutes les dettes et charges grevant les biens par elle donnés, dans le mois de leur exigibilité.

De leur côté, M. et Mlle Marie s'obligent à acquitter, par moitié entr'eux, les sommes qu'ils doivent payer en vertu des présentes.

FRAIS.

Les frais et droits des présentes, ainsi que ceux auxquels elles donneront ouverture, seront supportés par les deux enfants Marie, chacun par moitié (ou : par Mme veuve Marie, seule, qui s'y oblige).

ÉLECTION DE DOMICILE.

Pour l'exécution de cet acte et de ses conséquences, les parties ont élu domicile en leur demeure respective.

. Dont acte :

Fait et passé...

L'an..., le...

Lecture faite de cet acte et des articles 12 et 13 de la loi du 23 août 1871, les parties ont signé avec les témoins et le notaire.

La lecture des présentes par Mᵉ Lortat et la signature par les parties ont eu lieu en la présence réelle des témoins instrumentaires.

III.

PARTAGE ENTRE VIFS PAR LE SURVIVANT. — RENTE VIAGÈRE.

Par devant Mᵉ Lavarde, notaire à Caen;

En présence de MM...

A comparu :

M. Médéric-Émile Rimbert, propriétaire-cultivateur, demeurant aux Aydes, commune de...

Lequel a, par ces présentes, fait donation entre vifs, à titre de partage d'ascendant, conformément aux articles 1075 et 1076 du Code civil,

A ses deux enfants, qui sont :

M. Louis Rimbert, cultivateur, demeurant aux Aydes, commune de...

Et Mᵐᵉ Désirée Rimbert, épouse de M. Auguste Lampère, limonadier, avec lequel elle demeure en la commune de...

Ce qui est accepté par Mᵐᵉ Lampère, sous l'autorisation de son mari, tous deux présents.

Et pour M. Louis Rimbert, par M. Ludovic Dupin, marchand de nouveautés, demeurant à Lupiac, son mandataire spécial, en vertu de procuration reçue par Mᵉ Jacob et Mᵉ Gaziel, notaires à Marseille, le..., dont une expédition légalisée est demeurée et annexée, après avoir été contre-signée de M. Dupin et revêtue d'une mention d'annexe par Mᵉ..., notaire soussigné.

M. Louis Rimbert et Mᵐᵉ Lampère, frère et sœur germains, seuls présomptifs héritiers de M. Médéric-Émile Rimbert, leur père, et seuls héritiers de Mme Séraphine Héricourt, femme Rimbert, leur mère, décédée à Lupiac, le 17 novembre 1879, ainsi que cette qualité est constatée par un acte de notoriété, à défaut d'inventaire reçu par Me..., notaire soussigné, le 2 janvier 1880; il est déclaré ici que M. Rimbert n'est ni donataire, ni légataire de son épouse :

1ent. Des biens appartenant en propre à M. Rimbert, donateur;

2ent. Et de la portion lui revenant dans les biens dépendant de la communauté de biens ayant existé entre M. Rimbert et feu Mme Séraphine Héricourt, son épouse, en vertu de leur contrat de mariage passé devant Me..., notaire à..., le...

Lesquels biens, réunis à ceux recueillis par les donataires dans la succession de leur mère, ne vont former qu'une seule masse qui sera divisée en deux lots.

MASSE DES BIENS.

Propres du donateur :	
1° Une pièce de terre..., estimée à deux mille francs.	2,000 »
Immeubles de communauté :	
1° Un bois taillis...	
Immeubles propres de Mme Rimbert :	
1° Une maison...	
Rapports :	
La somme de quatre mille cinq cents francs . . .	4,500 »
Total de la masse, trente-deux mille francs. . . .	32,000 »
Dont la moitié pour chaque enfant est de seize mille fr.	16,000 »

ORIGINE DE PROPRIÉTÉ.

I. Propres de M. Rimbert.

. . . .

II. Biens de communauté.

. . . .

III. Propres de feu Mme Rimbert.

. . . .

PARTAGE.

Des biens indiqués en la masse, les donataires, avec assentiment du donateur, ont composé deux lots de la manière suivante :

Premier lot.

Le premier lot a été composé de :

1° La pièce de..., article... des biens propres du donateur, estimée à mille cinq cents francs. . . . . 1,500 »

2° ...

Ensemble. . . . . 17,200 »

Chaque lot n'ayant droit qu'à seize mille francs, ce lot fera au 2° un retour de . . . . 1,200 »

Reste total égal à la moitié . . . . 16,000 »

Deuxième lot.

Le deuxième lot comprend :

1° La maison, article 3 des propres de Mme Rimbert, estimée à six mille francs. . . . . 6,000 »

2° ...

3° Et la soulte de mille deux cents francs à recevoir du 1er lot . . . . 1,200 »

Total égal à la moitié des biens à partager . . . . 16,000 »

TIRAGE AU SORT.

Les lots ainsi composés ont été tirés au sort par les copartageants en présence du donateur.

Deux bulletins de papier de même couleur et dimensions, sur l'un desquels était écrit *premier lot*, sur l'autre *deuxième lot*, ont été pliés uniformément, mis dans un chapeau et remués.

Les copartageants en ont tiré chacun un.

Les bulletins dépliés, il est résulté du tirage que le premier lot est échu à M. Rimbert et le second à Mme Lampère.

Chacun des copartageants, Mme Lambert sous l'autorisation de son mari, accepte le lot qui lui est échu et fait en faveur de l'autre tous abandonnement et dessaisissement utiles.

Jouissance.

Les copartageants auront la propriété et jouissance divises des biens entrés dans leurs lots, à compter d'aujourd'hui.

Rente viagère.

Le donateur impose aux donataires qui s'y obligent, Mme Lampère solidairement avec son mari, la condition de lui servir en sa demeure, chacun pour moitié, une rente annuelle et viagère de 1,200 fr.

Cette rente prendra cours le ... et sera payable le ... de chaque année, pour commencer le ...

Il est stipulé :

Que le donateur ne sera pas tenu de justifier de son existence pour toucher les arrérages de cette rente ;

Que les donataires ne devront rien pour le prorata en cours lors du décès du donateur ;

Que la rente sera solidaire et indivisible entre les héritiers et représentants des donataires ;

Qu'au défaut de paiement d'un seul terme de la rente viagère, le donateur pourra, un mois après un commandement de payer demeuré infructueux, exiger le capital au denier vingt de cette rente, si mieux il n'aime demander la révocation de la donation.

CHARGES ET CONDITIONS.

1re. Garantie.

. . . .

2e. Servitudes.

. . . .

3e. Impôts.

. . . .

4e. Paiement de soulte.

. . . .

5e. Égalité d'avantages.

. . . .

6e. Règlement de mobilier.

. . . .

Les parties déclarent qu'elles se sont réglées amiablement, quant aux biens meubles qui dépendaient de la communauté ayant existé entre M. et Me Rimbert-Héricourt et de la succession de Mme Rimbert, ainsi qu'à l'égard des reprises et récompenses des époux; par suite, elle se reconnaissent entièrement quittes et renoncent à toutes réclamations à ce sujet.

Transcription. — État civil.

. . . .

Titres.

. . . .

Évaluation pour l'enregistrement.

Pour la perception des droits d'enregistrement, les parties évaluent :

Les immeubles donnés à un revenu brut annuel de ...

Et les immeubles composant la succession de Mme Rimbert à une valeur vénale de ...

Frais.

. . . .

Élection de domicile.

. . . .

Dont acte :

Fait et passé ...

IV.

DONATION D'IMMEUBLES IMPARTAGEABLES ATTRIBUÉS A L'UN DES ENFANTS.

Par devant Mes Gaullier et Morillon, notaires à Orléans,

Ont comparu :

M. Alfred Saurin, cultivateur, et Mme Marie Labiche, son épouse qu'il autorise, demeurant ensemble à Artenay ;

Lesquels ont, par ces présentes, fait donation entre vifs, à titre de partage d'ascendants, conformément aux articles 1075 et 1076 du Code civil,

A :

1° M. Auguste Saurin, marchand épicier, demeurant à Orléans, place du Martroy, n° 17 ;

2° M. Frédéric Saurin, cultivateur, demeurant à Artenay;

3° Et M. Louis-Alfred Saurin, employé de commerce, demeurant à Paris, rue des Lombards, n° 17;

Leurs trois enfants et seuls présomptifs héritiers, chacun pour un tiers,

Ici présents et acceptant expressément.

. . . .

DÉSIGNATION.

D'une maison située à Artenay, place du Marché, comprenant: sous-sol, trois pièces au rez-de-chaussée, deux chambres et deux cabinets au premier étage, mansardes et grenier au-dessus, couverte en ardoises; cour et jardin derrière, contenant 682 mètres, tenant d'un côté à...

Ainsi que cette maison se poursuit et comporte en toutes circonstances et dépendances, sans exception ni réserve.

Observation faite ici que cette maison forme tout l'avoir des époux Saurin.

ORIGINE DE LA PROPRIÉTÉ.

La maison ci-dessus désignée dépend de la communauté existant entre M. et Mme Alfred Saurin, en vertu de leur contrat de mariage ci-après énoncé, comme ayant été acquise de M...

JOUISSANCE. — USUFRUIT.

M. et Mme Saurin, donateurs, réservent l'usufruit, pendant leur vie et celle du survivant, de la chambre et du cabinet au premier étage de la maison, se trouvant au-dessus de la boutique; desquels chambre et cabinet les donataires n'auront la jouissance qu'au décès du dernier vivant de M. et Mme Saurin.

Les donataires auront, à compter de ce jour, la propriété de la maison donnée; ils y réuniront de suite la jouissance, à l'exception de la portion réservée en usufruit, dont ils ne prendront la jouissance qu'après la mort de M. et Mme Saurin.

CONDITIONS.

1re. Impositions.

Les donataires acquitteront, à compter du ..., les impôts de toute nature grevant l'immeuble donné, même de la partie réservée en usufruit.

2°. Assurances.

. . . .

3°. État des biens.

. . . .

4°. Servitudes.

. . . .

5°. Action révocatoire.

. . . .

6°. Remise de titres.

. . . .

7°. Transcription.

. . . .

8°. État civil.

. . . .

ATTRIBUTION. — SOULTE.

Toutes les parties ayant reconnu que la maison donnée est impartageable, et que les donateurs ne possèdent pas d'autres biens, ceux-ci, avec l'assentiment des donataires, l'ont attribué en totalité à M. Auguste Saurin, seul, qui accepte, pour en avoir la propriété et jouissance comme il vient d'être dit, aux charges de droit.

Cette attribution est faite et acceptée, à la charge par M. Auguste Saurin de payer à ses deux frères une somme de 8,000 fr., soit pour chacun 4,000 fr., à titre de soulte.

Laquelle somme sera exigible le ... et produira des intérêts au taux de cinq pour cent, à compter du ..., payables ...

Tous les paiements auront lieu à Orléans, en l'étude de Me Gaullier, l'un des notaires soussignés.

Ils seront effectués en espèces de monnaie aux poids, titres et cours de ce jour.

En cas de décès de M. Auguste Saurin avant sa libération, la dette serait indivisible entre ses héritiers et représentants.

A la garantie du paiement de la soulte en principal, intérêts, frais et autres accessoires, réserve est du privilége conféré par la loi.

RAPPORTS.

Les enfants Saurin reconnaissent qu'ils ne se devront aucun rapport au décès des donateurs, pour raison des libéralités qui leur auraient été faites avant ce jour.

Il est déclaré, notamment, que M. Auguste Saurin a été exonéré du service militaire en l'année...; mais que cette exonération a eu lieu dans l'intérêt des donateurs, avec lesquels M. Auguste Saurin a toujours habité, en les aidant de ses soins et travaux.

Frais.

. . . .

Évaluation pour l'enregistrement.

Pour la perception des droits d'enregistrement, les parties évaluent : la maison donnée à un revenu brut annuel de 700 fr.;

Et la charge des impôts et primes d'assurances, applicables à la portion réservée en usufruit, à une somme annuelle de 30 fr.

Élection de domicile.

. . . .

Dont acte.

V.

PARTAGE DES BIENS DONNÉS PAR ACTE SÉPARÉ.

Par devant Me Sauval et son collègue, notaires à Montpellier,

Ont comparu :

1° M. Étienne Vitalis, négociant, demeurant à Montpellier, avenue de Nîmes, n° 3;

2° M. Alfred Vitalis, avocat, demeurant aussi à Montpellier, rue du Faubourg-de-Lattes, n° 46;

3° M. Henri Mazel, juge de paix, et Mme Émilie Vitalis, son épouse qu'il autorise, demeurant ensemble à Béziers, rue de Pézénas, n° 12.

Lesquels ont dit :

Qu'aux termes d'un acte reçu par Me Sauval, notaire soussigné, en présence de deux témoins, le 7 avril 1879, M. Joseph Vitalis, propriétaire, et Mme Louise Nogent, son épouse, demeurant ensemble à Montpellier, rue de Cette, n° 34, ont fait donation, à titre de partage d'ascendants, de leurs biens entre MM. Vitalis et Mme Mazel, comparants, et M. Ernest Vitalis, mineur, leurs quatre enfants et seuls présomptifs héritiers, et par quart entr'eux.

Cette donation a eu lieu sous diverses conditions, notamment :

1° Les donataires ont été chargés de servir aux donateurs et au survivant d'eux, sans réduction, une rente annuelle et viagère de 6,000 fr., payable les..., pour commencer le... ;

2° La jouissance des biens donnés a été transmise aux donataires, à compter du 1er janvier 1880, aux charges de droit ;

3° M. et Mme Vitalis ont chargé leurs enfants de payer en leur acquit une somme de 12,000 fr., due à M. Lucien Brun, propriétaire, demeurant à Cette, rue d'Agde, 9, en vertu d'un acte reçu par Me Sauval, le 17 avril 1878 ;

4° Pour garantir l'exécution des charges imposées, les donataires ont affecté et hypothéqué au profit des donateurs la totalité des immeubles donnés.

Pour fournir au mineur Vitalis son quart dans les biens donnés, il lui a été attribué par les ascendants :

1° .....

Tous les autres biens donnés ont été attribués indivisément à MM. Vitalis et Mme Mazel, par tiers.

Que cette donation a été transcrite au bureau des hypothèques de Montpellier, le 12 mai 1879, vol. 986, n° 18 ;

Que l'hypothèque conférée à M. et Mme Vitalis a été inscrite au même bureau de Montpellier, le 12 mai 1879, vol. 749, n° 128 ;

Que, dans le but de sortir de l'indivision existant entre eux, ils ont fait visiter et estimer les immeubles à partager par M. ..., géomètre expert ;

En conséquence, ils ont procédé au partage de la manière suivante :

MASSE DES BIENS A PARTAGER.

1° Une maison .....

2° Une pièce de terre .....

ÉTABLISSEMENT DE LA PROPRIÉTÉ.

La propriété des biens à partager étant établie dans l'acte de donation du 7 avril 1879, dont chacune des parties possède une expédition, elles se contentent d'y renvoyer.

COMPOSITION DES LOTS.

Premier lot. — M. Étienne Vitalis.

Pour remplir M. Étienne Vitalis de son tiers dans les biens compris en la masse, M. Alfred Vitalis et M. et Mme Mazel lui cèdent et abandonnent, ce qu'il accepte :

1° La maison ...

Deuxième lot. — M. Alfred Vitalis.

Pour fournir à M. Alfred Vitalis son tiers dans les mêmes biens, M. Étienne Vitalis et M. et Mme Mazel lui cèdent et abandonnen à titre de partage, ce qu'il accepte :

1° La pièce de terre ...

2° La moitié indivise, avec Mme Mazel, de la pièce de terre ...

Troisième lot. — Mme Mazel.

Et pour remplir Mme Mazel de son tiers dans les biens en question, MM. Vitalis lui abandonnent à titre de partage, ce qu'elle accepte avec l'autorisation de son mari :

1° La pièce de terre ...

2° La moitié indivise, avec M. Alfred Vitalis, de la pièce ...

Jouissance.

. . . .

CHARGES ET CONDITIONS.

Ce partage a lieu aux charges et conditions suivantes, que les copartageants s'obligent d'exécuter, savoir :

1re. Garantie.

. . . .

2e. État des biens.

. . . .

3e. Servitudes.

. . . .

4e. Entretien des baux.

Les copartageants seront tenus d'exécuter et entretenir les baux en cours des biens partagés, notamment le bail de ... fait à

M. P. ... pour ... années, qui ont commencé le ..., suivant acte ....

Ce bail a été fait moyennant un fermage annuel de . .

M. Alfred Vitalis et Mme Mazel, attributaires des biens loués à M. P. ..., toucheront les fermages annuels de ce dernier, savoir :

M. Alfred Vitalis à concurrence de ...

Mme Mazel de ...

5° Servitudes. — Passages.

. . . .

6° Contributions.

. . . .

7° Dettes et charges.

Chacun des copartageants contribuera pour un tiers au paiement de la rente viagère due à M. et Mme Joseph Vitalis, et de la somme de 12,000 fr. que les comparants doivent; le tout en vertu du partage d'ascendant ci-dessus énoncé.

8° Remise de titres.

. . . .

9° Indivision.

M. Alfred Vitalis et Mme Mazel procèderont ultérieurement au partage ou à la licitation de la pièce de ... laissée indivise entre eux.

10° Frais.

. . . .

Évaluation pour l'enregistrement.

Pour la perception des droits d'enregistrement seulement, les parties évaluent les biens partagés, à 200,000 fr. de valeur vénale.

Élection de domicile.

. . . .

Dont acte :

Fait et passé à ..., l'an ..., le ...

Lecture faite des présentes et des articles 12 et 13 de la loi du 23 août 1871, les parties ont signé avec les notaires.

NOTA. *La licitation de la pièce indivise peut avoir lieu dans l'acte de partage, aussi bien que par acte distinct.*

VI.

ÉTAT ESTIMATIF.

—

État notarié.

Par devant Me Vilquin, notaire à Cérences (Manche),

Ont comparu :

M...

Lesquels ont dressé, ainsi qu'il suit, l'état descriptif et estimatif des meubles et objets mobiliers dont M... se propose de faire donation, à titre de partage d'ascendant, à ses enfants :

1° Un fauteuil et quatre chaises couverts en velours rouge, estimés à cent francs	100	»
2° Une table prisée à douze francs	12	»
3°	»	»
Total de l'estimation, deux mille cent francs . . .	2,100	»

Dont acte :

Fait et passé...

État sous seings privés.

Les soussignés :

1° M...

Ont établi, ainsi qu'il suit, l'état descriptif et estimatif... (Le surplus comme en la formule précédente.)

Fait à..., le...

Signatures.

VII.

CLAUSES DIVERSES A INSÉRER DANS LE PARTAGE D'ASCENDANTS.

—

1ent. Réserve d'usufruit par les deux ascendants.

Chacun de M. et Mme Chapelain, donateurs, fait réserve à son profit, pendant sa vie et celle de son conjoint, de l'usufruit de la part pouvant lui appartenir dans les biens donnés.

Les donateurs pourront disposer ultérieurement de l'usufruit réservé par chacun d'eux. (V. les n°s 261 à 263.)

2ent. Retour conventionnel.

M. et Mme Chapelain se réservent expressément le droit de retour sur les objets donnés entrés dans le lot de chacun des enfants, ou sur ce qui en sera la représentation, pour le cas de prédécès de l'un ou de l'autre des donataires et de sa postérité légitime.

En cas de décès de l'un des donateurs avant les donataires, le survivant de M. et Mme Chapelain exercera le droit de retour réservé, mais seulement sur les biens provenant de son chef, entrés dans le lot du donataire prédécédé. (V. les n°s 296, 301, 306.)

3ent. Insaisissabilité.

M. et Mme Chapelain, désirant assurer à leurs enfants des moyens d'existence, déclarent insaisissable le tiers des biens donnés comme formant la quotité disponible.

Il est formellement stipulé que les biens formant la quotité disponible se composent :

Pour M..., de...

(*Indiquer les biens insaisissables pour chaque enfant.*)

Lesquels biens ne pourront être saisis utilement, soit en fonds, soit en fruits, par les créanciers des donataires ; il en sera de même des biens acquis à titre d'emploi ou de remploi de ceux insaisissables, à la seule condition de faire mentionner la présente déclaration dans les titres. (V. le n° 266.)

4ent. Substitutions.

I. — Par testament.

1° Préciput à l'un des enfants.

Je donne et lègue à M. Auguste Lecomte, mon fils, expressément par préciput, ma propriété de Cerny, avec les jardins, prés, labours et bois en dépendant, le tout d'une superficie de 32 hectares environ.

Je charge mon fils de conserver ce legs et de le rendre, après son décès à tous ses enfants, nés et à naître au premier degré, lesquels je lui substitue par portions égales, s'ils lui survivent.

Je nomme pour tuteur à cette substitution M. François Hovius, avocat, demeurant à Rennes, ou, en cas de refus ou d'impossibilité de sa part, M. Médéric Coulon, négociant, demeurant aussi à Rennes.

Celui qui acceptera ces fonctions aura 500 fr., que je lui lègue en récompense de ses soins et peines.

2° Tous les enfants grevés.

Des biens que je viens de léguer à mes deux enfants, ceux-ci conserveront les suivants, formant la quotité disponible, savoir :

Mme Turpin :

1° Une pièce de terre ...

. . . .

M. Eugène Robert :

1° Une maison ...

Je charge chacun de mes enfants de conserver ces biens et de les rendre, après son décès, à tous ses enfants, nés et à naître au premier degré, lesquels je lui substitue par portions égales, s'ils lui survivent.

Je nomme ...

II. — Par acte entre vifs.

M. et Mme Lecomte chargent les donataires, qui s'y obligent, de conserver en nature, savoir :

Mme Lubin :

1° ...

M. Médéric Leconte :

1° ...

Ces biens formant la quotité disponible ;

Pour les rendre, au décès de chacun d'eux, à tous ses enfants nés et à naître au premier degré.

A cet effet, M. et Mme Leconte substituent à chacun des donataires tous ses enfants nés et à naître, pour recueillir les biens dont il s'agit après son décès, s'ils lui survivent.

Les donateurs déclarent nommer pour tuteur à la substitution M. ...

Dans le cas où M... n'accepterait pas ou viendrait à décéder, les donateurs nomment, pour le remplacer : M. ...

(*Si le tuteur est présent, on doit mentionner son acceptation.*)

V. les nos 269 et suiv.

5ent. Renonciation à l'action révocatoire.

Nonobstant la rente viagère constituée au profit de la donatrice, celle-ci entend se désister expressément de l'action révocatoire et des droits de toute nature qui pourraient résulter à son profit de l'inexécution des charges et conditions de la donation;

Voulant et entendant, la donatrice, que les donataires disposent en toute propriété, à titre gratuit ou à titre onéreux, comme bon leur semblera, de tout ou partie des immeubles donnés, et que les donataires, acquéreurs et tiers-détenteurs de ces immeubles, ne puissent jamais être inquiétés ni recherchés au sujet des clauses et conditions ci-dessus énoncées.

(*Cette clause ne doit être insérée que dans le cas où l'ascendant donateur possède d'autres ressources que la rente viagère stipulée à son profit.* (V. n° 268.)

Mais la renonciation pourra souvent être stipulée en ayant soin de la limiter à certains biens que les donataires auraient d'ores et déjà l'intention de vendre, et en réservant les droits de l'ascendant sur des biens suffisants pour garantir le service de sa rente.)

6ent. Autorisation de vendre et d'échanger.

Il est formellement convenu et stipulé que les donataires pourront à toute époque vendre et échanger, comme bon leur semblera, les immeubles compris dans le présent partage d'ascendants, à la charge par eux d'employer les prix des ventes et les soultes des échanges à l'acquisition d'autres biens immeubles.

Une hypothèque spéciale sera conférée par eux au profit des donateurs, pour sûreté de l'exécution entière des charges et conditions de la présente donation, sur les immeubles reçus en échange et sur ceux acquis avec les prix des biens aliénés et les soultes des échanges.

Ces nouveaux immeubles pourront être successivement vendus et échangés aux mêmes conditions.

Au moyen de la nouvelle affectation hypothécaire qui leur sera fournie, les donateurs seront tenus de se désister expressément de l'action révocatoire et des droits de toute nature leur appartenant, de manière à rendre les échangistes et acquéreurs propriétaires incommutables des immeubles qui auront été aliénés à leur profit.

Les affectations hypothécaires et désistements auront toujours lieu aux frais du donataire. (V. nos 267 et 268.)

7ent. Limitation du privilége de copartageant pour une soulte.

A la sûreté et garantie du paiement de la soulte de..., due par M. B... à Mme S..., sa sœur, le privilége de cette dernière portera sur : ... (*désigner les biens.*)

En conséquence, tous les autres immeubles attribués à M. B..., demeurent entièrement libres et dégagés de tout privilége pour sûreté de la soulte;

Et Mme S... déclare au besoin se désister, dès à présent, de tout privilége et autres droits sur les immeubles, autres que ceux qui viennent d'être indiqués. (V. n° 325.)

PARTAGES TESTAMENTAIRES.

I.

PARTAGE AUTHENTIQUE EN PLUSIEURS SÉANCES.

Par devant Me Bardel, notaire à Cahors, soussigné;

En présence de :

1° M. Ludovic Belin, avocat, demeurant à...; 2°...

Tous quatre majeurs, français, jouissant de leurs droits civils, ainsi affirmé par les témoins susnommés et par le testateur;

(*Il y a quelquefois lieu d'ajouter :* qui d'ailleurs les a choisis lui-même.)

A comparu :

M. Germain-Honoré Gosselin, propriétaire, demeurant à...

Lequel, paraissant sain d'esprit, a dicté à Me..., notaire soussigné, son testament ainsi qu'il suit :

« Pour éviter toutes contestations entre mes enfants et descendants, je fais à l'avance le partage de ma succession.

Masse partageable.

Les biens que je possède se composent de :

1ent. Une maison...

2ent. ...

Origine de propriété.

Les biens ci-dessus désignés m'appartiennent, savoir :

1° ...

Je me borne aujourd'hui à l'opération qui précède, remettant la continuation, pour les lotissements, attributions et conditions, à un jour ultérieur. »

Ce testament a été ainsi dicté par le testateur à Me Bardel, qui l'a écrit de sa main, puis l'a lu à M. Gosselin, qui a déclaré qu'il contient bien ses volontés.

Dont acte :

Fait et passé à Cahors, dans le cabinet du notaire.

L'an..., le...

Et le testateur a signé avec les quatre témoins et le notaire, après lecture entière.

Le tout en la présence non interrompue des témoins.

Et le...

Par devant Me Bardel, notaire à Cahors;

En présence de : 1° M...

(Les mêmes témoins qu'en la précédente séance.)

A comparu :

M. Germain-Honoré Gosselin, propriétaire, demeurant à...

Lequel, après une nouvelle lecture donnée par Me Bardel de la première partie des présentes, en date du..., dont la minute précède, a dicté au notaire soussigné la suite de son partage testamentaire :

« Je déclare maintenir la masse de mes biens et l'origine de propriété renfermés en la première partie de mon partage testamentaire, en date du..., et je continue, de la manière suivante, le partage de mes biens.

Composition et attribution des lots.

Premier lot. — M. Germain Gosselin.

Pour le premier lot, je lègue et attribue à M. Germain Gosselin, mon fils, marchand de nouveautés, demeurant à... :

1° Ma maison de ...

2° Une pièce de terre ...

Deuxième lot. — Mme Turpin.

Pour le deuxième lot, je lègue et attribue à Mme Eudoxie Gosselin, ma fille, épouse de M. Georges Turpin, chimiste, demeurant à Mézières :

1° Une pièce ...

Troisième lot. — Mineurs Gosselin.

Pour le troisième et dernier lot, je lègue et attribue à Clara Gosselin et Ludovic Gosselin, mes petits-enfants, mineurs, demeurant chez leur mère, par représentation de mon fils Charles Gosselin, décédé époux de Mme Eugénie Dupont, propriétaire, demeurant à Charleville, rue de Mézières :

1° Un bois situé ...

Charges et conditions.

Si l'un ou plusieurs de mes descendants entre lesquels je fais le présent partage viennent à décéder avant moi, laissant des enfants ou autres descendants, ceux-ci recueilleront par représentation la part assignée à leur auteur; je les institue à cet effet mes légataires.

Chaque légataire aura la pleine propriété des biens qui lui sont légués, à partir du jour de mon décès.

Les impôts de toute nature seront acquittés divisément, à compter du même jour.

Chacun supportera les servitudes passives, apparentes ou occultes, continues ou discontinues, pouvant grever les biens qui lui ont été légués, et il profitera de celles actives, s'il en existe, à ses risques et périls.

Toute différence entre la contenance réelle des immeubles et celle exprimée, quand même elle serait supérieure à un vingtième, profitera ou incomberait au légataire qui se trouverait l'avoir, sans réclamation ni recours.

Dans le cas où l'un ou l'autre des lots serait d'une valeur supérieure aux autres, je lègue, par préciput et hors part, l'excédant à ceux des légataires qui se trouveraient la posséder.

J'ai fait ce partage aussi équitablement que possible; s'il venait à être attaqué pour quelque cause que ce soit, par un ou plusieurs des légataires, je déclare priver de toute la quotité disponible ceux qui l'attaqueraient, et, pour ce cas, je lègue, par préciput, toute la quotité disponible à ceux de mes héritiers qui auront respecté mes dispositions testamentaires.

Le mobilier garnissant ma maison, excepté les deniers, rentes et valeurs semblables, sera partagé en trois lots par le commissaire-priseur, qui l'aura estimé lors de l'inventaire après mon décès, et ces lots seront tirés au sort, sans qu'aucun de mes héritiers puisse demander la vente du mobilier.

Legs particuliers.

Je lègue à titre particulier : 1° aux pauvres de la commune de ... la somme de ..., qui sera distribuée par le bureau de bienfaisance de la commune; 2° à l'hospice de ... la somme de ...

Ces legs seront exempts de tous frais et droits de mutation, qui resteront à la charge de ma succession.

Exécuteur testamentaire.

Je nomme pour exécuteur testamentaire M. ... ou, à son défaut, M. .... Celui de ces messieurs qui sera mon exécuteur testamentaire aura la saisine pendant l'année, et je lui lègue un diamant de la somme de ..., nette de tous frais. »

Le présent testament a été écrit par Me Bardel, tel qu'il lui a été dicté par le testateur auquel il l'a lu, et qui a déclaré qu'il contient bien ses volontés et qu'il y persiste.

Sur l'interpellation qui leur a été faite par Me Bardel, le testateur et les témoins ont déclaré que ces derniers ne sont ni parents, ni alliés, soit du testateur, soit des légataires (ou : sauf M. ..., qui est parent du testateur, mais au ... degré seulement). C. civ., 975.

Dont acte :

Fait et passé à ... (au domicile du testateur), dans le cabinet du notaire.

L'an ..., le ...

Et, après lecture entière, le testateur a signé avec les quatre témoins et le notaire.

Le tout en la présence non interrompue des témoins.

(V. C. civ., 973 et 974, pour les signatures et les empêchements désignés, ainsi :

Le testateur ne sachant signer, on met : sur l'interpellation à lui faite par Me Bardel, le testateur a déclaré ne savoir écrire ni signer.

Le testateur ne peut signer : sur l'interpellation de Me Bardel, le testateur a déclaré savoir signer, mais ne le pouvoir à cause de la paralysie dont il est atteint au bras droit.

Le testateur a signé autrefois, mais ne le sait plus : sur l'interpellation de Me Bardel, le testateur a déclaré avoir su signer autrefois, mais ne plus savoir maintenant, en ayant totalement perdu l'habitude.)

II.

PARTAGE TESTAMENTAIRE RENVOYANT A UN ACTE ANTÉRIEUR POUR LES DÉTAILS.

Devant Me Octave Loupie, notaire à Courtomer;
En présence de :
1° M. Eugène Bordin ...
Tous quatre majeurs ...

A comparu :
M. Eugène Rousse ...

Lequel, paraissant sain d'esprit, a dicté à Me Loupie son testament ainsi qu'il suit :

« Voulant prévenir les difficultés qui pourraient s'élever entre mes enfants après mon décès, relativement au partage de mes biens, j'ai résolu d'en faire dès à présent la division entre eux.

« Ces biens sont désignés en détail dans un acte que j'ai fait dresser par Me Loupie, notaire à Courtomer, le 17 août 1881; le même acte contient l'établissement du droit de propriété, les lotissements et les conditions sous lesquelles j'entends faire le partage.

« Pour remplir M. Auguste Rousse du tiers lui revenant dans mes biens, je lui lègue et attribue :

« 1° Une maison, située à..., rue...

« Je lègue et attribue à Mme Marie Rousse, femme Lair, ma fille aînée, pour son tiers :

« 1° La ferme de..., située à..., comprenant...

« Enfin, je lègue et attribue à Mlle Eugénie Rousse, ma fille cadette, aussi pour son tiers :

« 1°...

« Chaque légataire aura la propriété ...

(*Rappeler les conditions essentielles.*)

« Pour tous les détails, je me réfère à l'acte reçu par Me Loupie, le 17 août 1881. »

Le présent testament a été écrit par Me Loupie tel qu'il lui a été dicté... (*La suite comme dans la formule qui précède.*)

III.

PROJET DE PARTAGE.

Devant Me Octave Loupie, notaire à Courtomer (Orne),

A comparu :

M. Eugène Rousse, ...

Lequel a dit que voulant éviter les frais et difficultés que pourrait entraîner le partage de sa succession, il a l'intention de distribuer ses biens entre ses trois enfants et seuls présomptifs héritiers, qui sont :

1° M. Auguste Rousse...

2° Mme Marie Rousse, épouse de M. Ludovic Lair ...

3° Et Mlle Eugénie Rousse...

En conséquence, il a requis Me Loupie d'établir la désignation des biens à partager, leur origine de propriété, les lotissements, ainsi que les charges et conditions sous lesquelles ils auront lieu.

Il a été déféré à cette réquisition de la manière suivante :

§ 1er.

Désignation des biens.

1° Une pièce de terre en labour...

§ 2e.

Établissement de la propriété.

. . . .

§ 3e.

Composition des lots.

Premier lot...

Deuxième lot...

Troisième lot...

§ 4e.

Charges et conditions.

1° Garantie...

Le comparant se réserve d'attribuer ultérieurement les lots à ses enfants, sous les conditions qui précèdent.

Dont acte :

IV.

PARTAGE TESTAMENTAIRE OLOGRAPHE.

Je, soussigné, Honoré Lacroix, limonadier, demeurant à Château-du-Loir (Sarthe),

Déclare, en vertu des dispositions des articles 1075 et 1076 du Code civil, faire le partage testamentaire de mes biens entre mes deux enfants, ainsi qu'il suit :

Mes enfants et seuls présomptifs héritiers sont :

1° M. Léon Lacroix, cultivateur, demeurant à...

2° Mme Octavie Lacroix, épouse de M. Auguste Tardif, aubergiste, demeurant à...

Les biens que je possède, consistent en :

1ent. Une maison, située à...

2ent. Une pièce de terre labourable...

3ent. Une pièce en prairie...

4ent. Une rente de trois cents francs, cinq pour cent, inscrite sous le n° ... de la quatrième série.

Les immeubles ci-dessus m'appartiennent...

Partage.

Premier lot.

Pour remplir M. Léon Lacroix, mon fils, de sa moitié dans les biens désignés plus haut, je lui lègue :

1° La maison ...

Deuxième lot.

Pour remplir Mme Tardif de sa moitié dans les mêmes biens, je lui lègue :

1° ...

4° Et une soulte de 2,000 fr. à recevoir du 1er lot.

Conditions.

Si mes enfants, ou l'un d'eux, venaient à me prédécéder, laissant des descendants, ceux-ci recueilleraient par représentation la part assignée à leur auteur.

Chacun des légataires aura la propriété et jouissance des biens entrés dans son lot, à partir du jour de mon décès.

Il acquittera, de la même époque, les impôts de toute nature.

Il supportera les servitudes passives, apparentes ou occultes, et profitera de celles actives, s'il en existe, à ses risques et périls.

Les légataires ne pourront exercer aucune réclamation l'un contre l'autre pour la différence en plus ou en moins entre la contenance réelle des immeubles et celle sus-indiquée, quand même elle serait supérieure à un vingtième.

La soulte de 2,000 fr., mise à la charge du premier lot, devra être payée dans l'année de mon décès, avec l'intérêt au taux de cinq pour cent.

Dans le cas où un lot serait supérieur à l'autre, je lègue, par préciput et hors part, l'excédant à celui des légataires dans le lot duquel il se trouvera exister.

La division des titres de propriété sera faite conformément à la loi, ceux communs resteront à mon fils, à la charge d'en aider sa sœur, à toute réquisition, sous récépissé.

Fait et écrit entièrement de ma main, à Château-du-Loir, le sept avril mil huit cent soixante-dix-neuf. — H. Lacroix.

V.

TESTAMENT MYSTIQUE.

Je, soussigné, Alexandre Leroy, ancien capitaine d'état-major, chevalier de la Légion d'Honneur, demeurant à...

Voulant éviter tout dissentiment entre mes deux enfants, fais, par ces présentes, le partage de mes biens de la manière suivante, en vertu des articles 1075 et 1076 du Code civil.

Mes enfants sont : ...

Les biens que je possède comprennent : ...

(*Même forme que pour le testament olographe.*)

Fait à... et signé le...

A. Leroy.

Ceci est le testament mystique de M. Joseph Bertin, avocat, demeurant à...

Je désire prévenir toutes contestations entre mes trois enfants;

dans ce but, je profite des dispositions des articles 1075 et 1076 du Code civil pour procéder au partage de ma succession.

Je donne et lègue à M. Urbain Bertin, mon fils, juge au tribunal civil de...

1° ...

(V. la formule du testament olographe.)

Fait à..., le...

VI.

SUSCRIPTION DE TESTAMENT MYSTIQUE CONTENANT PARTAGE.

1°

Par devant Me Cartier, notaire à Ymouville (Eure-et-Loir);

En présence de :

1° M. Célestin Fortey, libraire, à ...

2° M. ... (six témoins, C. civ., 976)

Tous six demeurant à ...

A comparu :

M. Eugène Dupuis, propriétaire, demeurant à ...

Lequel a présenté au notaire et aux témoins soussignés le papier sur lequel est écrit cet acte, lequel papier clos et scellé en deux endroits avec de la cire rouge, portant l'empreinte d'un cachet aux initiales E. D. qui sont celles du comparant;

Et a déclaré que ce papier contient son testament signé de sa main, mais écrit par une main étrangère.

En conséquence, le notaire soussigné a écrit lui-même le présent acte de suscription sur le testament.

Dont acte :

Fait et passé à ..., dans le cabinet de Me ..., notaire soussigné.

L'an ..., le ...

Et, lecture faite en entier des présentes, le comparant a signé avec les témoins et le notaire.

Le tout a eu lieu, sans divertir à d'autres actes et en la présence non interrompue des témoins.

2°

Par devant Me Stanislas Henry, notaire à Ste-Scolasse (Orne);

En présence de :
1° M. ...
7° M. ... (C. civ., 977)
Tous sept demeurant à ...

A comparu :

M. Florent Didier, propriétaire, demeurant à ...

Lequel a fait clore et sceller par M[e] ..., en présence des sept témoins, son testament renfermé dans l'enveloppe sur laquelle est écrit le présent acte, et a présenté au notaire et aux sept témoins soussignés le présent papier, plié en forme de lettre, clos et scellé en deux endroits avec de la cire verte, ayant pour empreinte F. D. en caractères gothiques ;

Et il a déclaré que le présent papier est l'enveloppe dans laquelle est renfermé son testament écrit par M ... et non signé du comparant, à cause de la paralysie dont il est atteint.

En conséquence, M[e] ... a écrit de sa main cet acte de suscription sur l'enveloppe du testament.

Fait et passé à ..., en ...

L'an ..., le ...

Après lecture des présentes, M. Didier a déclaré savoir écrire et signer, mais ne pouvoir signer à cause de la paralysie de son bras droit ; les sept témoins et le notaire ont seuls signé.

Le tout fait de suite, sans divertir à d'autres actes et en la présence non interrompue des témoins.

L'adjonction du septième témoin a eu lieu sur la déclaration du testateur qu'il n'a pu signer ses dispositions, à cause de la paralysie de son bras.

ACTES DIVERS.

I.

RÉVOCATION DE PARTAGE TESTAMENTAIRE.

Par devant Me Paret, notaire à Sedan, soussigné ;

En présence de MM. Octave Lupin, propriétaire, et Charles Davan, architecte, demeurant à Sedan ;

Témoins instrumentaires ;

M. Victor-Abel Charlet, propriétaire, demeurant à Daigny, canton de Sedan,

A, par ces présentes, déclaré révoquer purement et simplement le partage testamentaire qu'il a fait, suivant acte reçu par Me Paret, soussigné, en présence de quatre témoins, le dix-sept mai mil huit cent soixante-dix-neuf, dont la minute précède.

Entendant que ce testament soit et demeure nul et sans effet, dans toutes ses dispositions.

Dont acte :

Fait et passé à Sedan, dans le cabinet de Me Paret.

L'an ..., le ...

Lecture faite en entier, M. Charlet a signé avec les témoins et le notaire.

La lecture du présent acte par le notaire et la signature par M. Charlet, ont eu lieu en la présence réelle des témoins.

II.

RÉVOCATION DU PARTAGE ENTRE VIFS NON ACCEPTÉ.

La formule précédente peut servir, avec quelques légères modifications.

III.

DÉPÔT DE PARTAGE TESTAMENTAIRE OLOGRAPHE OU MYSTIQUE.

1°

Par devant Me Victor Pelerin, notaire à Courgivaux (Marne),

A comparu :

M. ...., greffier en chef du tribunal civil de...

Lequel, en exécution d'une ordonnance de M. le président du tribunal civil de..., contenue au procès-verbal d'ouverture et de description du testament ci-après énoncé,

A, par ces présentes, déposé au notaire soussigné, et l'a requis de mettre au rang de ses minutes à la date de ce jour :

1° Une expédition enregistrée de l'ordonnance ci-dessus énoncée, en date du 30 janvier 1880;

2° L'original du testament, fait en la forme olographe, de M. Georges François Robiou, propriétaire, décédé en sa demeure à ..., le ..., contenant partage entre ses enfants et descendants.

Ce testament, daté du ..., est écrit sur deux feuilles de papier au timbre de 1 fr. 80 c.

3° Et l'enveloppe formée de papier libre qui contenait le testament de M. Robiou.

Toutes ces pièces sont demeurées ci-jointes et annexées, après avoir été revêtues d'une mention d'annexe par le notaire soussigné.

Dont acte.

2°

Par devant Me Édouard Loupie, notaire à Nécy (Orne),

A comparu :

M. ..., greffier en chef du tribunal civil de ...,

Commis suivant ordonnance de M. le président du tribunal civil de ..., en date du ..., contenue en son procès-verbal de présentation et de constatation du testament ci-après énoncé;

Lequel a, par ces présentes, déposé au notaire soussigné et l'a requis de mettre au rang de ses minutes à la date de ce jour :

1° L'original du testament, en date du..., contenant partage d'ascendants, en la forme mystique, de M. Augustin Legrand, rentier, demeurant à ..., où il est décédé le ..., présenté par le testateur à Me ..., notaire soussigné, sous une enveloppe, close et cachetée, ainsi qu'il est constaté par l'acte de suscription dressé, sur cette enveloppe, par Me ..., en présence de six témoins, le ...;

2° L'original de l'acte de suscription;

3° Une expédition du procès-verbal d'ouverture et de description de ce testament, dressé par M. le président du tribunal civil de ..., le ...

Ces pièces ont été annexées aux présentes, après avoir été revêtues d'une mention d'annexe par les notaires soussignés.

Dont acte.

IV.

RÉQUISITION D'ENREGISTREMENT DU PARTAGE TESTAMENTAIRE.

Et le...

Devant Me Pouillat, notaire à Tourlaville,

A comparu :

M. Émile Durand... (l'un des enfants);

Lequel a dit :

Que M. François-Jules Durand, son père, propriétaire, demeurant à..., est décédé en sa demeure le... (ainsi qu'il en est justifié par la représentation d'une expédition de l'acte de décès, délivrée par M. le maire de..., le... et dûment légalisée);

Que M. Durand père, ayant fait le partage testamentaire de ses biens, entre ses enfants, aux termes d'un acte reçu par Me Pouillat, en présence de quatre témoins, le..., dont la minute précède, il est nécessaire de soumettre cet acte à la formalité de l'enregistrement dans le délai de trois mois.

En conséquence, le comparant a requis Me Pouillat de présenter le partage testamentaire, dont il s'agit, au bureau de l'enregistrement de...

Pour la perception du droit gradué, M. Émile Durand déclare que les biens compris au partage testamentaire du... ont une valeur vénale de..., déduction faite du passif.

Mentions des présentes sont consenties pour être faites partout où besoin sera.

Dont acte : ...

V.

NOTORIÉTÉ ÉTABLISSANT QUE LES ASCENDANTS N'ONT PAS LAISSÉ D'AUTRES DESCENDANTS QUE LEURS DONATAIRES.

Par devant Me Vautier, notaire à Beaumont (Manche),

Ont comparu :

M. Pierre-Joseph Grosset, propriétaire, demeurant à...

Et M. Bernard-François Douézy, cultivateur, demeurant à...

Lesquels ont, par ces présentes, déclaré avoir parfaitement connu M. Louis-Julien Lecoq, négociant, et Mme Marie-Margueritte Graindorge, son épouse, demeurant à...

Et ils attestent comme étant de notoriété publique :

Que M. Louis-Julien Lecoq est décédé en son domicile à..., le..., époux de Mme Marie-Margueritte Graindorge ;

Que Mme Marie-Margueritte Graindorge est décédée en son domicile à..., le..., veuve non remariée de M. Louis-Julien Lecoq ;

Qu'après leur décès, il n'a pas été fait d'inventaire ;

Qu'ils ont laissé l'un et l'autre pour seuls héritiers, chacun pour un tiers, leurs trois enfants, qui sont :

1° M. François Lecoq, cultivateur, demeurant à...

2° Mme Marie-Louise Lecoq, épouse de M. Bernard Plessis, percepteur des contributions directes, avec lequel elle demeure à...

3° Mlle Marie-Anne Lecoq, fille majeure, occupée dans le ménage, demeurant à...

Qu'en conséquence, le partage d'ascendants fait par M. et Mme Lecoq-Graindorge, entre leurs trois enfants sus-nommés, suivant acte entre vifs reçu par Me..., notaire à..., le..., en présence de deux témoins, a pu recevoir son entière exécution.

A l'appui de leurs déclarations, en ce qui concerne les décès, les comparants ont représenté :

Un extrait de l'acte de décès de M. Louis-Julien Lecoq, inscrit à la mairie de..., le...

Et un extrait de l'acte de décès de Mme veuve Lecoq, née Marie-Margueritte Graindorge, inscrit à la mairie de..., le...

Lesquels extraits, dûment légalisés, sont demeurés ci-joints, après avoir été certifiés véritables par les comparants et revêtus d'une mention d'annexe par le notaire soussigné.

Dont acte.

VI.

ACCEPTATION DE PARTAGE TESTAMENTAIRE.

Par devant Mes Le Bouteiller et son collègue, notaires à Cherbourg,

Ont comparu :

1° M. Ludovic Martin, propriétaire, demeurant à Percy ;

2° M. Augustin-François Martin, cultivateur, demeurant à St-Clair;

3° Et Mme Marie-Lucie Martin, épouse assistée et autorisée de M. Frédéric Blin, aubergiste, avec lequel elle demeure, à Percy;

Lesquels, avant l'acceptation faisant l'objet des présentes, ont exposé ce qui suit :

I. Aux termes d'un acte reçu, en présence de quatre témoins, par Me Blet, notaire à Percy, le 20 décembre 1878, M. Marin-Louis Martin, propriétaire, demeurant à Percy, a fait le partage testamentaire de ses biens entre les trois comparants, ses enfants et seuls présomptifs héritiers.

Le lot dévolu à M. Ludovic Martin comprend :

1° Une pièce de terre...

Le lot attribué à M. Augustin-François Martin se compose de :

1° Une maison, située à...

Et le lot légué à Mme Blin est composé de :

1° Une pièce de terre...

Ce partage a été fait sans aucune soulte.

II. M. Marin-Louis Martin est décédé en sa demeure, à Percy, le 17 avril 1880, veuf de Mme Augustine-Marie Lenoël.

Il a laissé pour seuls héritiers les trois comparants, ses enfants, entre lesquels a été fait le partage testamentaire ;

Ainsi que cette qualité est constatée par un acte de notoriété, à défaut d'inventaire, reçu par M^{e} Le Bouteiller, notaire soussigné, le 15 mai 1880.

Acceptation.

Ceci exposé, les comparants, ayant pris une entière lecture et communication du partage testamentaire de M. Marin-Louis Martin, ont déclaré et reconnu qu'il s'est bien conformé aux dispositions de la loi et a fait une équitable répartition de ses biens entre ses enfants.

En conséquence, ils acceptent comme définitif le partage testamentaire du 20 décembre 1878, et les lots légués à chacun d'eux.

Ils déclarent, en outre, se soumettre à toutes les charges et conditions de ce partage, et n'avoir aucun rapport à régler entre eux relativement à la succession de leur père.

M. et Mme Blin sont soumis au régime de la communauté, sans clause restrictive de la capacité de la femme, aux termes de leur contrat de mariage, passé devant Me Courtel, notaire à St-Lo, le 2 février 1872.

Mentions des présentes sont consenties pour être faites partout où besoin sera.

Dont acte.

VII.

ACCEPTATION DU PARTAGE D'ASCENDANT.

Par devant Me Roche, notaire à Avignon,

A comparu :

M. Léopold Roussel, propriétaire, demeurant à Avignon ;

Agissant au nom et comme tuteur de Félicien Juilly, mineur, étant né à Avignon, le 2 mai 1870, du mariage de M. Léon Juilly avec Mme Marie Sausse, tous deux décédés ; fonction à laquelle il a été nommé et qu'il a acceptée aux termes d'une délibération du conseil de famille de ce mineur, reçue et présidée par M. le juge de paix du canton d'Avignon, en date du 15 avril 1872 ;

Autorisé spécialement à faire l'acceptation qui va suivre, suivant une autre délibération du même conseil reçue par le même juge de paix le 2 juin 1880.

Une expédition de cette dernière délibération a été annexée aux présentes après mention.

Lequel, après avoir pris communication d'un acte passé devant Me Cartier, notaire à ..., le 17 mai 1880, contenant donation, à titre de partage d'ascendant par M. Léon Juilly, propriétaire, demeurant à Avignon, de divers immeubles entre ses trois enfants et petits-enfants, au nombre desquels se trouve le mineur Félicien Juilly ; par lequel acte le donateur a attribué au pupille du comparant, pour son tiers dans les biens donnés :

1° ... (Désigner.)

Cette donation a eu lieu sous diverses charges et conditions, notamment :

1° De servir au donateur une rente annuelle et viagère de ... (Rappeler les conditions.)

A, par ces présentes, déclaré accepter la donation-partage du 17 mai 1880, au nom du mineur Félicien Juilly, sous l'obligation, par ce dernier, d'exécuter les charges et conditions stipulées.

Aux présentes intervient : M. Léon Juilly, ci-dessus qualifié et domicilié ;

Lequel, ayant pris connaissance de l'acceptation qui précède, a déclaré se la tenir pour bien et dûment notifiée et dispenser le donataire de toute autre signification.

Mentions des présentes sont consenties partout où besoin sera.

Dont acte.

(Présence réelle de deux témoins.)

VIII.

DISPENSE DE NOTIFICATION D'ACCEPTATION.

Par devant Me Malbois, notaire à Toulouse,

A comparu :

M. Paul Maraval, négociant, demeurant à Toulouse, place du Capitole, n° 27;

Lequel a dit :

Qu'aux termes d'un acte reçu par Me Malbois, soussigné, en présence de témoins, le 2 janvier 1880, il a fait le partage entre vifs de ses biens entre ses enfants, au nombre desquels se trouve M. Ludovic Maraval, négociant, demeurant à Alger, place du Gouvernement, n° 52.

Par ce partage, le lot attribué à M. Ludovic Maraval a été composé de :

1° ... (*désigner sommairement.*)

Les donataires ont été chargés de... (*indiquer les charges.*)

Que, suivant acte reçu par Mes Porel et Bailly, notaires à Alger, le 30 janvier 1880, M. Ludovic Maraval a accepté ce partage d'ascendant, purement et simplement, en s'obligeant à en exécuter les charges; de laquelle acceptation une expédition légalisée a été annexée aux présentes après mention.

Ceci expliqué,

M. Maraval, comparant, déclare, par ces présentes, avoir parfaite connaissance de l'acceptation énoncée ci-dessus, et dispense, en conséquence, M. Ludovic Maraval de toute notification par acte extra-judiciaire.

Toutes mentions des présentes sont consenties.

Dont acte.

(*La loi n'exige pas la présence de témoins pour cet acte, cepen-*

dant il nous paraît prudent d'éviter toute difficulté en la demandant et constatant.)

IX.

CONFIRMATION DU PARTAGE ENTRE VIFS PAR UNE FEMME DOTALE.

Par devant Me Fabre, notaire à Clermont-Ferrand ;

En présence de MM...

Témoins instrumentaires ;

A comparu :

Mme Margueritte Fleury, propriétaire, demeurant à Clermont-Ferrand, rue de Montferrand, n° 7, veuve de M. Stanislas Greffier, décédé en sa demeure, à Clermont-Ferrand, le 12 août 1879 ;

Laquelle dit :

Que son union avec M. Greffier était régie par le régime dotal avec société d'acquêts, aux termes de leur contrat de mariage passé devant Me..., notaire à..., le..., par lequel tous les biens présents et à venir de la femme étaient dotaux ;

Qu'aux termes d'un acte reçu, en la présence réelle de deux témoins, par Me..., notaire à..., le..., feu son mari et elle ont fait donation, à titre de partage d'ascendants, de leurs immeubles entre leurs enfants, qui sont :

1° ... (*nommer tous les enfants.*)

Les biens personnels de la comparante, compris dans la donation, comprennent :

1° ... (*désigner.*)

Les biens dépendant de la société d'acquêts ayant existé entre Mme Greffier et feu son mari, entrés dans le même partage, se composent de :

1° ...

Que dans les conditions où a eu lieu le partage d'ascendant, il se trouvait entaché d'une irrégularité flagrante résultant de la qualité de femme dotale de Mme Greffier, née Fleury, comparante.

Par suite du décès de son mari, Mme Greffier, comparante, se trouve avoir recouvré la libre disposition de ses biens.

Confirmation.

Ceci expliqué, Mme veuve Greffier déclare confirmer et ratifier purement et simplement le partage d'ascendants du..., voulant qu'il reçoive son entière exécution, de même que si elle l'eût fait ayant sa capacité pour aliéner, et que les enfants donataires soient et demeurent propriétaires incommutables des biens dévolus à chacun d'eux.

Mentions des présentes sont consenties pour être faites partout où besoin sera.

Dont acte :

(Quoique la loi n'exige pas la présence réelle des témoins pour une ratification de donation, il nous paraît prudent d'appeler les témoins lors de la lecture et de la signature.)

X.

RÉFECTION D'UN PARTAGE ENTRE VIFS NUL EN LA FORME.

Par devant Me Montaux, notaire à Toulon;

En présence de MM. Lucien Masse, propriétaire, et Auguste Sorel, négociant, demeurant à Toulon, quai St-Mandrier,

Témoins instrumentaires;

Ont comparu :

M. Alexandre Duperré, capitaine de frégate en retraite, officier de la Légion d'Honneur, et Mme Marie Cret, son épouse qu'il autorise, demeurant à La Seyne,

D'une part;

M. Émile Duperré, employé de commerce, demeurant à Toulon;

M. Maurice Duperré, enseigne de vaisseau, demeurant à La Seyne,

D'autre part;

Lesquels ont dit et fait ce qui suit :

I. Aux termes d'un acte sous signatures privées, en date à La Seyne du 17 juillet 1873, M. et Mme Alexandre Duperré ont fait donation, à titre de partage d'ascendants, à M. Émile et Maurice Duperré, leurs deux fils et seuls présomptifs héritiers, de tous leurs immeubles comprenant :

1° ... *(désigner sommairement.)*

Ce partage a eu lieu sous diverses conditions et charges, notamment celles ci-après rappelées :

1° ... (Analyser les principales conditions.)

Par le même acte, les deux enfants Duperré ont procédé au partage des biens donnés.

Le premier lot, dévolu à M. Émile Duperré, a été composé de : 1° ...

Le second lot, attribué à M. Maurice Duperré, consiste en : 1° ...

Il n'a été stipulé aucune soulte.

L'acte dont il s'agit a été enregistré à Toulon, le 22 août 1873, folio 17, v° case 3, au droit de 2,200 fr. en principal et 550 fr. de décimes.

Il n'a pas été transcrit.

L'un des originaux du même acte, représenté par les parties, a été annexé aux présentes après avoir été certifié véritable et revêtu d'une mention d'annexe.

II. Suivant contrat passé devant Me Martin, notaire à La Seyne, le 15 juin 1878, M. Émile Duperré a vendu à M. Ludovic-Marius Gay, propriétaire, demeurant à La Seyne, la pièce de terre nommée le Val-d'Hyères, contenant 47 ares, faisant partie des biens compris dans son lot par le partage énoncé ci-dessus.

La vente a eu lieu moyennant le prix de 1,260 fr. payés comptant.

Une expédition de cette vente a été transcrite au bureau des hypothèques de Toulon, le 25 juin 1878, vol. 762, n° 48.

III. M. Maurice Duperré a encaissé la créance de 1,700 fr. sur M. Eugène Géraldy, faisant partie des biens composant son lot, aux termes du même partage.

Cet encaissement résulte d'une quittance sous signature privée, en date du 3 mars 1876, enregistrée à Toulon, le 17 du même mois, folio 17, recto, case 3, au droit de 10 fr. 63 c. en principal et décimes.

IV. Le partage d'ascendants du 17 juillet 1873, n'ayant pas été fait dans la forme prescrite par la loi (C. civ., 931), se trouve radicalement nul, et comme ce vice ne peut être réparé par un acte confirmatif (C. civ., 1339), les parties vont refaire le partage d'ascendants dans la forme légale.

En conséquence,

M. et Mme Alexandre Duperré

Font, par ces présentes, donation entre vifs, à titre de partage d'ascendants, conformément aux articles 1075 et suivants du Code civil,

A leurs deux enfants et seuls présomptifs héritiers, qui sont :

MM. Émile et Maurice Duperré,

Qui acceptent expressément, chacun pour moitié,

Des biens ci-après désignés.

DÉSIGNATION.

1° Une maison...

18° Une pièce de terre labourable, nommée le Val-d'Hyères, contenant 47 ares, portée au plan cadastral, section D, n° 17.

C'est cette pièce qui a été vendue par M. Émile Duperré à M. Gay, par le contrat de vente ci-dessus visé.

19° ...

23° Une créance de 1,700 fr., qui était due aux donateurs par M. Eugène Géraldy, et se trouvant actuellement aux mains de M. Maurice Duperré.

Établissement de propriété.

. . . .

Composition des lots.

. . . .

Attributions.

. . . .

Conditions.

. . . .

Transcription.

. . . .

État civil.

. . . .

(*Le tout dans les mêmes termes que si le partage sous seings privés n'existait pas.*)

M. et Mme Duperré et M. Émile Duperré déclarent confirmer expressément la vente du 15 juin 1878, voulant qu'elle reçoive son entière exécution et que M. Ludovic-Marius Gay soit propriétaire incommutable de la pièce de terre nommée le Val-d'Hyères, désignée plus haut, et demeure complètement libéré de son prix.

ÉLECTION DE DOMICILE.

. . . .

XI.

QUITTANCE DE SOULTE EMPORTANT CONFIRMATION DE PARTAGE.

Par devant Mes Nivara et son collègue, notaires à Bordeaux,

A comparu :

Mme Aglaé-Marie Husson, propriétaire, demeurant à la Bastide, veuve de M. Maurice Maurel ;

Laquelle a, par ces présentes, reconnu avoir reçu en espèces du cours, comptées et délivrées à la vue des notaires soussignés,

De M. Paulin-Frédéric Husson, négociant, demeurant à Agen, place St-Caprais, ici présent,

La somme de huit mille francs, montant de la soulte mise à la charge de M. Husson, au profit de Mme Maurel, par M. Grégoire Husson, leur père, propriétaire, demeurant à Bordeaux, rue Planturable, n° 17, où il est décédé le 17 décembre 1879, aux termes du partage testamentaire qu'il a fait de ses biens entre ses deux enfants, reçu par Me Nivara, notaire soussigné, en présence de quatre témoins, le 2 septembre 1878, enregistré.

De laquelle somme Mme Maurel donne quittance à M. Husson, payant ; lequel se trouve ainsi complètement libéré de la soulte mise à sa charge par le partage sus-énoncé, qui est ainsi exécuté par les parties.

En conséquence, Mme Maurel se désiste de tous les droits de privilége militant à son profit, donne main-levée et consent à la radiation sans réserve de l'inscription prise à son profit contre M. Husson, pour sûreté de la soulte payée présentement, au bureau des hypothèques de Bordeaux, le 30 janvier 1880, vol. 1240, n° 8.

M. le conservateur des hypothèques, en opérant la radiation de cette inscription, sera complètement déchargé.

Les parties observent ici : qu'elles ont fait la division des titres de propriété des biens compris dans le partage testamentaire ;

Qu'elles ont réglé les quelques menues dettes laissées par leur père et le petit mobilier qui lui restait ;

Et que M. Grégoire Husson n'a pas laissé d'autres héritiers que les parties, ainsi que le constate un acte de notoriété reçu par Me Nivara, à la date de ce jour.

Mentions des présentes sont consenties.

Dont acte.

XII.

PROCURATION POUR FAIRE UN PARTAGE D'ASCENDANTS.

Par devant Me Duhommet, notaire à Paris,

A comparu :

M. Honoré-François Marie, propriétaire, demeurant à Cinquehal, canton de St-Claude ;

Lequel a, par ces présentes, constitué pour son mandataire :

M. Joseph André, propriétaire et maire, demeurant à St-Claude ;

Auquel il donne pouvoir de, pour lui et en son nom :

Faire donation entre vifs, à titre de partage d'ascendant, au profit des quatre enfants et seuls présomptifs héritiers du constituant, qui sont : 1° ...

1ent. De tous les biens immeubles appartenant à M. Honoré-François Marie, situés à Cinquehal et Longchaumois, consistant en :

1° ... (Désignation sommaire.)

2ent. De la part indivise lui appartenant dans les biens dépendant de la communauté ayant existé entre le comparant et Mme Augustine Carlet, son épouse, décédée ; lesquels biens se composent de :

1° ... (Désigner sommairement.)

Stipuler que les biens donnés seront réunis à ceux composant la succession de feu Mme Marie, née Carlet, pour former du tout une seule masse ;

Composer les lots, avec l'assentiment des donataires, comme le mandataire avisera, et leur en faire l'attribution, ou les faire tirer au sort, ou même stipuler qu'il sera procédé ultérieurement au partage entre les quatre donataires, comme bon leur semblera ;

Mettre les donataires en jouissance immédiate de tous les biens ou partie seulement; réserver au profit du donateur l'usufruit de la totalité ou de partie des biens compris au partage d'ascendants ; imposer aux donataires l'obligation de servir au donateur toutes rentes viagères, solidairement ou divisément entre eux; réserver l'action révocatoire; accepter l'affectation hypothécaire, au profit du constituant, de la totalité des immeubles, pour garantie du service de la rente viagère et de l'exécution de toutes les conditions qui pourront être imposées;

Déclarer que le constituant est veuf en premières noces, non remarié, et que ses immeubles ne sont grevés d'aucune hypothèque; remettre tous titres et pièces, en retirer décharge ;

Passer et signer tous actes, élire domicile, substituer et généralement faire le nécessaire.

Dont acte.

(Cette procuration doit être faite en minute, en présence réelle d'un second notaire ou de témoins. C. civ., 931 ; loi 21 juin 1843.)

XIII.

PROCURATION POUR ACCEPTER UN PARTAGE D'ASCENDANTS ENTRE VIFS.

Par devant Me Pierre-Lucien Bazire, notaire à Caen;

En présence de deux témoins qui seront nommés plus loin,

A comparu :

M. Daniel Marie, propriétaire, demeurant à Caen, quai de Juillet, n° 17;

Lequel a, par ces présentes, constitué pour son mandataire :

M. Lucien Merlin, vérificateur des douanes, demeurant à Saint-Claude (Jura);

Auquel il donne pouvoir de, pour lui et en son nom :

Accepter expressément la donation, à titre de partage d'ascendants, qui sera faite par M. Honoré-François Marie, propriétaire, demeurant à Cinquehal, près St-Claude, de ses biens immeubles à ses quatre enfants, au nombre desquels figure M. Marie, comparant; auxquels biens seront réunis, pour être partagés entre les donataires, ceux dépendant de la succession de Mme Augustine Carlet, décédée épouse de M. Honoré-François Marie, ainsi que tous rapports qui pourraient être effectués par les donataires ;

Obliger le constituant à l'exécution des conditions de la donation ; notamment laisser à M. Marie père l'usufruit pendant sa vie de tout ou partie tant des biens donnés que de ceux dépendant de la succession de Mme Marie, née Carlet, et obliger le comparant à servir à M. Marie père telle pension annuelle et viagère que les parties conviendront, soit solidairement avec les autres donataires, soit pour une portion qui sera fixée ;

Consentir que les immeubles donnés restent soumis à l'action révocatoire du donateur, et, en outre, affecter et hypothéquer la totalité des immeubles qui entreront dans le lot du constituant, à la garantie du service de tout ou partie de la rente et de l'exécution de toutes les conditions ;

Procéder au partage tant des biens donnés que de ceux dépendant de la succession de Mme Marie, ainsi que des rapports à effectuer ; composer la masse, faire et consentir tous prélèvements, former les lots, les tirer au sort ou les attribuer à l'amiable ; accepter celui qui écherra ou sera attribué au constituant, stipuler toutes soultes, les recevoir ou payer comptant ou à terme, avec ou sans intérêts ; faire et accepter tous abandonnements ; convenir de tous délais, stipuler tous intérêts ; laisser tous objets en commun ; donner ou accepter tous pouvoirs pour les administrer ou en suivre le recouvrement ; requérir tous certificats de propriété, ainsi que toutes transcriptions et inscriptions ;

De toutes sommes reçues ou payées, donner ou retirer quittances et décharges, consentir mentions et subrogations ; se désister de tous droits, priviléges et hypothèques, et donner mainlevée de toutes inscriptions, le tout avec ou sans constatation de paiement ; remettre ou se faire remettre tous titres et pièces, en donner ou retirer décharge ;

Aux effets ci-dessus, passer et signer tous actes, élire domicile, substituer et faire le nécessaire.

Dont acte :

Fait et passé...

(Cette procuration doit être passée en minute (C. civ., 933), en présence réelle d'un second notaire ou de témoins.)

XIV.

INSCRIPTION DE PRIVILÉGE POUR SOULTE.

Inscription de privilége est requise au bureau des hypothèques de Tours ;

Au profit de M. Daniel Levy, cultivateur, demeurant à...

Pour lequel domicile est élu...

Contre Mme Marie-Lucie Levy, épouse de M. Joseph Hasse, propriétaire, demeurant à...

En vertu d'un acte passé devant Me..., notaire à..., le..., contenant donation, à titre de partage d'ascendant, par M. Moïse Levy, propriétaire, demeurant à..., de tous ses immeubles entre M. Daniel Levy et Mme Hasse, ses deux enfants et seuls présomptifs héritiers, et partage entre les donataires, tant des biens donnés que de ceux dépendant de la succession de Mme Marie-Eudoxie Nathan, femme Moïse Levy, leur mère ; par lequel acte Mme Hasse a été chargée de payer à M. Daniel Levy, à titre de soulte, une somme de 3,500 fr. ;

Pour sûreté :

1° De la somme de 3,500 fr., montant de la soulte dont il s'agit, stipulée exigible le..., et productive d'intérêt à cinq pour cent par an, à partir du..., payable...	3,500 »
2° Des intérêts dont la loi conserve le rang.	Mémoire.
3° De tous frais d'actes, de mise à exécution et autres accessoires, évalués approximativement à 500 fr.	500 »
Total à inscrire, sauf mémoire.	4,000 »

Sur : 1° ...

(Désigner les immeubles composant le lot de la débitrice.)

XV.

INSCRIPTION POUR SURETÉ DE LA RENTE STIPULÉE AU PROFIT DES ASCENDANTS ET DES CHARGES.

Inscription est requise au bureau des hypothèques de Lille ;

Au profit de M. Jean-François Duval, propriétaire, et Mme Marie Boudin, son épouse, demeurant ensemble à...

Pour lesquels domicile est élu...

Contre :

1° M. Auguste Duval, cultivateur, demeurant à...

2° Mme Lucie Duval, épouse de M. Pierre Jacob, propriétaire et marchand de grains, avec lequel elle demeure à...

3° Et M. Marin-Charles Duval, pharmacien, demeurant à...

En vertu d'un acte reçu, en présence réelle de deux témoins, par Me..., notaire à..., le..., aux termes duquel M. et Mme Jean-François Duval ont fait donation, à titre de partage entre vifs, de leurs immeubles entre M. Auguste Duval, Mme Jacob et M. Marin-Charles Duval, leurs trois enfants et seuls présomptifs héritiers, à la charge par les donataires : de servir aux donateurs et au survivant d'eux, sans aucune réduction, une rente annuelle et viagère de 3,000 fr., et de payer en l'acquit des donateurs une somme de 6,000 fr. due à diverses personnes ; le tout par tiers entre les donataires, sans solidarité.

Pour sûreté :

1° De la somme de 60,000 fr., capital non exigible, mais évalué nécessaire pour assurer le service des 3,000 fr. de rente viagère constitués aux termes de l'acte énoncé ci-dessus. Rente payable chaque année, en deux termes égaux, les ......, pour commencer le ..., jusqu'au décès du dernier vivant de M. et Mme Duval, époque à laquelle elle sera entièrement éteinte et amortie et les débiteurs libérés de son service ; même du terme en cours au décès. . . . . 60,000 »

2° De la somme de 6,000 fr. que les grevés se sont obligés payer en l'acquit des donateurs, d'ici le ..., aux divers créanciers nommés dans l'acte sus-énoncé, avec les intérêts au taux légal, à compter du ... . . 6,000 »

3° Des arrérages de la rente viagère et des intérêts du capital de 6,000 fr. dont la loi conserve le rang, mémoire. . . . . Mémoire.

4° Des frais d'actes, de mise à exécution et autres accessoires, évalués à 2,000 fr. . . . . 2,000 »

Total à inscrire, sauf mémoire. . 68,000 »

Sur :

1° ... (Désigner tous les immeubles donnés, en faisant la distinction de chaque lot.)

Il a été expressément convenu dans l'acte du ... :

1° Qu'à défaut de paiement d'un seul terme d'arrérages à son échéance et un mois après un simple commandement de payer resté sans effet, le capital au denier vingt de la rente viagère deviendrait exigible, si bon semblait aux crédirentiers, et ceux-ci pourraient poursuivre la saisie des immeubles donnés contre les donataires en défaut ;

2° Qu'en cas de non paiement de la somme de 6,000 fr. à son exigibilité et un mois après un simple commandement resté sans effet, les donateurs auraient le droit de faire saisir et vendre les immeubles des donataires qui n'auraient pas fait face au paiement ;

3° Que la présente inscription, en ce qui concerne la rente viagère, devrait être rayée sur la simple représentation de l'acte de décès du dernier vivant de M. et Mme Duval, inscrivants, toute autorisation et décharge ayant été données à cet effet à M. le conservateur des hypothèques.

XVI.

VENTE PENDANT LA VIE DE L'ASCENDANT DES IMMEUBLES DONNÉS PAR ACTE ENTRE VIFS NON TRANSCRIT.

Par devant ...

Ont comparu :

M. Ernest Durand ... *(le donataire)*

Et M. François Durand ... *(l'ascendant donateur)*

Lesquels ont vendu, en s'obligeant solidairement à garantir de tous troubles et évictions. (L'engagement solidaire du donateur, par acte non transcrit, ne constitue pas un cautionnement. V. Cass. 23 avril 1856; Sol., 15 février 1866.)

A M. Frédéric Merlin ...

Désignation.

. . . .

Établissement de la propriété.

En la personne des vendeurs.

I. La maison vendue fait partie du deuxième lot échu à M. Ernest

Durand, aux termes d'un acte reçu par M^{e} ..., notaire à ..., en présence de deux témoins, le ..., contenant : 1° donation, à titre de partage d'ascendant, par M. François Durand, de divers biens immeubles à M. Ernest Durand et Mme Martin, ses deux enfants et seuls présomptifs héritiers ; 2° et partage entre les donataires tant des biens transmis par leur père que de ceux dépendant de la succession de Mme Louise Corpet, leur mère, décédée à ..., le ..., épouse de M. François Durand, de laquelle ils sont héritiers, chacun pour moitié, ainsi que le constate un acte de notoriété reçu par M^{e} ..., notaire à ..., le ...

Il n'a été stipulé aucune soulte à la charge de M. Ernest Durand au profit de sa sœur.

La donation dont il s'agit n'a pas été transcrite.

II. M. François Durand avait acquis cette maison ...

Jouissance.

. . . .

Conditions.

. . . .

Prix.

Cette vente est consentie et acceptée moyennant le prix de ... fr. que M. Merlin s'oblige payer à M. Ernest Durand, le ...

Formalités hypothécaires.

. . . .

État civil.

Les vendeurs déclarent :

Que M. Ernest Durand est célibataire et n'a jamais été chargé de fonctions emportant hypothèque légale ;

Que M. François Durand est veuf, non remarié, de Mme Louise Corpet ;

Qu'il est tuteur des mineurs ..., ayant pour subrogé-tuteur M. ... ;

Et qu'il n'a été chargé d'aucune autre tutelle ni comptabilité publique.

Titres.

. . . .

Convention entre les vendeurs.

MM. Durand stipulent ce qui suit :

Le prix entier de la présente vente sera touché par M. Ernest Durand seul, sans aucune condition d'emploi (*s'il y avait charge de faire un emploi, l'expliquer ici*) ; il pourra se désister des droits de privilége et autres, donner main-levée et consentir à la radiation totale de l'inscription d'office, qui sera prise lors de la transcription des présentes, et ce sans le concours de M. François Durand, qui déclare abandonner les droits de toute nature lui appartenant sur l'immeuble vendu.

En conséquence, M. François Durand déclare donner main-levée et consentir à la radiation sans réserve, sur la maison objet des présentes, d'une inscription prise à son profit au bureau des hypothèque de ..., le ..., vol. ..., n° ..., contre M. Ernest Durand.

L'effet de cette inscription est réservé sur tous autres immeubles qui en sont grevés.

M. François Durand consent la décharge du conservateur qui opérera la radiation en ce sens.

Élection de domicile.

. . . .

Dont acte.

(Lecture de la loi du 23 août 1871.)

TABLE ALPHABÉTIQUE

(Les chiffres renvoient aux nos du traité)

M.

N.

O.

P.

TABLE DES MATIÈRES

TITRE DEUXIÈME.

BIENS COMPRIS DANS LE PARTAGE.

TITRE TROISIÈME.

CONDITIONS QUI PEUVENT ÊTRE IMPOSÉES.

TITRE QUATRIÈME.

EFFETS DU PARTAGE D'ASCENDANTS.

TITRE CINQUIÈME.

ACTIONS DIRIGÉES CONTRE LE PARTAGE D'ASCENDANT.

TITRE SIXIÈME.

TRANSCRIPTION DES PARTAGES.

TITRE SEPTIÈME.

TITRE HUITIÈME.

ENREGISTREMENT.

TITRE NEUVIÈME.

DROITS D'HYPOTHÈQUES.

TABLE DES FORMULES

ACTES DIVERS.

Caen, Typ. F. Le Blanc-Hardel.

CHEZ LES MÊMES ÉDITEURS.

Partages d'ascendants (Traité théorique et pratique des), par M. RÉQUIER, conseiller honoraire à la Cour de Cassation ; 1 vol. in-8°, 1868. . . . . 8 fr.

Droit civil français (Cours de), d'après la méthode de C.-S. ZACHARIÆ, par MM. AUBRY et RAU, conseillers à la Cour de Cassation ; 4e édition, considérablement augmentée ; 8 vol. in-8°, 1869-1879. 72 fr.

Questions pratiques et doctrinales de Code Napoléon, *1re Série :* Conflit des lois françaises et étrangères. — Droits réels et personnels ; propriété dite littéraire et artistique. — Effets déclaratifs des partages. — Paiement des dettes et des legs, séparation des patrimoines. — Substitutions prohibées ; substitutions permises. — Rescision pour lésion des partages ordinaires et des partages d'ascendants ; action en réduction. — Nullités des contrats de mariage. — Régime dotal, etc. — *2e Série :* Donations et testaments. — Calcul de la réserve. — Réserve des enfants naturels. — Partage d'ascendant. — Contrat de mariage. — Caractères de la dot constituée par les ascendants. — Communauté légale. — Quotité disponible entre époux en cas d'existence d'enfants d'un précédent lit. — Hypothèque légale. — Transcription. — Prescription acquisitive et prescription extinctive, etc., par M. A. BERTAULD, procureur général près la Cour de Cassation, sénateur ; 1867-1869, 2 vol. in-8°. . . . . 16 fr.

Déclarations de succession (Manuel des) et des droits de mutation par décès, contenant le résumé des décisions administratives et judiciaires rendues jusqu'au 1er janvier 1874, par M. B. MOLINEAU, ancien notaire ; 3e édition, entièrement refondue et augmentée (2e tirage), 2 vol. in-8°, 1875. . . . . 10 fr.

Successions (Traité spécial sur les), au point de vue fiscal ou Résumé de la législation, de la jurisprudence et des prescriptions de l'administration relatives aux droits de mutation par décès, avec FORMULES, par M. BOILLON, receveur de l'Enregistrement en retraite ; 4e édition, entièrement refondue et mise au courant jusqu'au 1er juillet 1880 ; 1 vol. in-8°, 1880. . . . . 3 fr.

Succession (Traité du partage de) et des opérations et formalités qui s'y rattachent, telles que les scellés, l'inventaire, la vente du mobilier, la licitation, le retrait successoral, par G. DUTRUC, avocat, ancien magistrat ; 1 vol. in-8°. . . . . 8 fr.

Séparation de biens judiciaire (Traité de la), dans lequel sont exposés simultanément, au point de vue de la doctrine et de la jurisprudence, les principes du droit et les règles de la procédure, par DUTRUC, avocat, ancien magistrat ; in-8°. . . . . 7 fr.

Subrogation (Traité théorique et pratique de la), à l'hypothèque légale des femmes mariées, par M. BERTAULD, procureur général près la Cour de Cassation, sénateur ; 2e édition, refondue et complétée, 1 vol. in-8°, 1864. . . . . 6 fr. 50

www.ingramcontent.com/pod-product-compliance
Ingram Content Group UK Ltd.
Pitfield, Milton Keynes, MK11 3LW, UK
UKHW020314230726
13925UKWH00002B/414

9 782014 04083